DAVE UND NETA JACKSON

Unterwegs in geheimer Mission

Die Geschichte von William Tyndale

Dave und Neta Jackson sind ein Autorenehepaar, das im Bereich Ehe, Familie, Gemeinde und Beziehungen schon viele Bücher geschrieben oder daran mitgewirkt hat.
Sie haben zwei Kinder: Julian, der Kunst studiert und auch das vorliegende Büchlein illustriert hat, und Rachel, die noch die Schule besucht. Sie leben in Evanston (Illinois, USA) und sind aktive Mitglieder in ihrer Gemeinde.

Die Deutsche Bibliothek – CIP-Einheitsaufnahme

Jackson, Dave:
Unterwegs in geheimer Mission : die Geschichte von William Tyndale / Dave und Neta Jackson. [Ill. von Julian Jackson. Übers. von Sabine Pujol]. – Neuhausen/Stuttgart : Hänssler, 1997
Einheitsacht.: The Queen's smuggler <dt.>
ISBN 3-7751-2827-1

hänssler-Taschenbuch
Bestell-Nr. 392.827
ISBN 3-7751-2827-1

Published by Bethany House Publishers, 6820 Auto Club Road, Minneapolis, Minnesota 55438, USA
Originaltitel: The Queen's Smuggler
Übersetzt von Sabine Pujol

Umschlaggestaltung: Dialog Werbeagentur, Waldbronn
Titelillustration: Catherine Reishus McLaughlin
Innenillustrationen: Julian Jackson
Satz: AbSatz Ewert-Mohr, Klein Nordende
Printed in Gemany

INHALT

Der Brief 7
Der Unfall.. 15
Der Besucher 26
Ein sicherer Ort 38
Der Lehrer.. 50
Der Fremde.. 63
Der Hinterhalt.. 74
Der Sturm 86
Die Durchsuchung 99
Die Hofdame 107
Die Gicht des Königs 118
Die Hinrichtung 127
Der Sieg.. 135

Einiges über William Tyndale 141

Der Brief

Sara blickte auf die beiden leeren Plätze am Ende des langen Tisches. Warum waren Papa und ihr Cousin bloß noch nicht zurück? Das Schiff sollte doch heute ankommen – das hatte Mama jedenfalls gesagt. Die Seereise nach England und der Rückweg durch die Nordsee mit den neuen Waren dauerte eigentlich nur eine Woche, es sei denn …

»Fräulein Sara!«, ertönte da eine Stimme. Sie blickte überrascht auf und erkannte das runde Gesicht von Humphrey Monmouth, einem englischen Kaufmann, der oft hier in Antwerpen in Belgien in der Herberge ihrer Eltern übernachtete. Sara wurde rot, doch er lächelte sie freundlich an.

»Du musst dir keine Sorgen um deinen Vater machen«, meinte Monmouth, während er mit seinem Messer in ihre Richtung deutete. »Thomas Poyntz ist nicht nur der beste Kaufmann in ganz England, sondern auch ein erfahrener Seemann. Wahrscheinlich hat er nur wegen

des schlechten Wetters einen Tag gewartet. Der Wind ist im Oktober ziemlich unberechenbar. Oder vielleicht haben ihn die Geschäfte länger als erwartet aufgehalten.«

»Oder er hat Schwierigkeiten mit dem britischen Zoll!« Frau Poyntz zog fragend die Augenbrauen in die Höhe. Sara warf ihrer Mutter einen schnellen Blick zu. Hatte man etwa die Bücher gefunden, die ihr Vater so sorgfältig in den Getreide- und Weinfässern versteckt hatte und die in England verkauft werden sollten? Obwohl ihre Eltern ihr nie etwas davon erzählt hatten, wusste sie von ihrem Cousin Miles von den Neuen Testamenten, die Thomas Poyntz regelmäßig von Belgien aus in sein Heimatland England schmuggelte.

»Neue Testamente *auf Englisch!*«, hatte der sechzehnjährige Miles freudestrahlend ausgerufen. »Von Meister Tyndale selbst übersetzt!« Sara hatte schon viel von dem Mann gehört, der früher in England der Privatlehrer ihres Cousins gewesen war. Sie hatte sich riesig gefreut, als Miles hierher nach Belgien gekommen war, um bei ihrem Vater den Kaufmannsberuf zu erlernen. Wenn er nicht mit ihrem Vater geschäftlich unterwegs war, verbrachte Miles viel Zeit mit ihr, und es schien ihm überhaupt nichts auszumachen, dass sie drei Jahre jünger war als er. Aber wo waren ihr Cousin und ihr Vater jetzt?

»Ach, der Zoll«, nickte Humphrey Monmouth. »Darüber mache ich mir keine Sorgen, Frau Poyntz. Thomas ist ein angesehener Geschäftsmann auf beiden Seiten des Kanals, und er hat einflussreiche Freunde in hohen Stellungen. Der Zoll macht mir keine Sorgen.« Der stämmige Kaufmann schob zufrieden seinen leeren Teller zurück und bedachte seine Gastgeberin mit einem anerkennenden Blick. »Ein ausgezeichnetes Abendessen, Frau Poyntz! Wirklich ausgezeichnet!«

In diesem Augenblick hörte Sara, wie die Haustür geöffnet wurde und sich Fußtritte näherten.

»Na, seht ihr«, rief Monmouth aus. »Die Seefahrer sind heimgekehrt!«

Sara wartete erst gar nicht, bis man ihr erlaubte, vom Tisch aufzustehen, sondern flog ihrem Vater förmlich entgegen. »Papa!«

Thomas Poyntz schlang die Arme um sein einziges Kind und gab dann seiner Frau, die Sara gefolgt war, einen lauten Kuss. »Es tut mir leid, dass wir so spät kommen, mein Liebes«, erklärte er seiner Frau, während er sich aus seinem Mantel schälte. »Aber die Geschäfte dauern immer länger, als man es erwartet, stimmt's, Miles?«

Sara lächelte ihren Cousin an, der ebenfalls seinen Mantel auszog. »Mama hat dafür gesorgt, dass das Essen noch warm ist. Und Herr Monmouth ist gestern angekommen.«

»Humphrey!« Thomas folgte seiner Frau in das holzgetäfelte Esszimmer mit seinem ausladenden Tisch. »Ich hätte mir denken können, dass du dich hier an meinem Tisch wärmst!«

Sara wollte ihren Eltern folgen, aber Miles zog sie am Ärmel. »Dein Vater hat einen Brief für dich.«

»Einen Brief? Für mich?«, fragte Sara ungläubig. »Bitte mach' keine Witze!«

»Ehrlich! Und es ist sogar das Siegel der Königin drauf.« Mit diesen Worten ging Miles ins Esszimmer.

Ein Brief von der Königin? Königin Anne? Im Esszimmer füllte die Köchin gerade die leeren

Teller, und alle redeten durcheinander. Sara setzte sich auf ihren Platz und stocherte in ihrem Essen herum. Schließlich hielt sie es nicht länger aus.

»Papa!« unterbrach sie die Gespräche. »Miles sagt, du hast einen Brief für mich!«

Alle waren plötzlich still. »Ja, natürlich, das stimmt!«, erwiderte ihr Vater und zog einen Brief aus der Ledertasche, die er um die Hüfte trug. Mit einem Blick zu seiner Frau reichte er Sara den Brief. »Willst du ihn uns vorlesen?«

Sara drehte das gefaltete Pergament um. Es war ein rotes Wachssiegel mit der Krone der Königin in der Mitte. Mit ihrem Messer brach sie vorsichtig das Siegel auf und entfaltete den Brief. Der Brief trug das Datum vom September 1534. Sie blickte ihre Mutter an, die ihr ein ermunterndes Lächeln schenkte.

Der Brief war in einer wunderschönen geschwungenen Handschrift geschrieben, und das Erste, was Sara in die Augen fiel, war die Unterschrift am Ende. Dort stand: »Deine Freundin Anne Boleyn.« Als sie den Brief vorlas, klopfte Saras Herz so laut, dass sie dachte, die anderen müssten es hören.

Meine liebe Sara,

seit deinem kurzen Besuch in Little Sodbury Manor vor einigen Jahren habe ich oft an dich gedacht. Du bist ja sicher schon eine kleine Lady. Und ich bin Königin!

Nun, da du ein bisschen älter geworden bist, möchte ich deine Eltern gern fragen, ob sie es dir erlauben würden, an den Hof zu kommen und Hofdame zu werden. Hier gibt es einige andere junge Damen in deinem Alter. Bitte versichere deinen Eltern, dass du deine Ausbildung in Musik und Literatur fortsetzen kannst – dafür werde ich persönlich sorgen. Und außerdem ist das Leben am Hof eine ausgezeichnete Schule für junge Ladys.

Ich würde dich sehr gern wiedersehen, Sara. Schließlich hast du mir das Leben gerettet! Aber du hast auch einen erfrischenden Geist, den ich sehr schätze. Ich bin sicher, wir werden gute Freundinnen. Bitte grüße deine Eltern sehr herzlich von mir. Ich hoffe, bald von dir zu hören.

Deine Freundin Anne Boleyn

Sara blickte von dem Brief auf. Frau Poyntz lächelte, aber ihr Vater hatte einen ernsten Gesichtsausdruck.

»Was sagst du dazu, Sara?«, platzte Miles heraus. »Ein Brief von der Königin!« Humphrey Monmouth zwinkerte Sara zu und beschäftigte sich daraufhin mit dem Stopfen seiner Pfeife.

»Was meinst du dazu, Thomas?« fragte Frau Poyntz ihren Mann.

Thomas Poyntz runzelte die Stirn. »Dasselbe, was ich auch vor drei Jahren dazu gemeint habe. Es ist eine freundliche Einladung, und ich habe alle Hochachtung vor der Königin. Sie ist eine liebe Freundin meiner Cousine, der Mutter von Miles. Aber ich will nicht, dass meine Tochter all den Intrigen am Hof ausgesetzt wird. Denkt nur mal daran, was mit Königin Catherine passiert ist! Oder daran, wie Anne selbst Königin geworden ist!«

»Da hast du recht, Thomas!« Humphrey Monmouth zündete seine Pfeife an, nahm ein paar Züge und blies dann eine Rauchwolke. »Aber trotz aller Nachteile ist eine Einladung an den Hof eine großartige Gelegenheit für ein junges Mädchen. Sie würde früher oder später alle Leute der feinen Gesellschaft in England kennen lernen. Ich habe mich schon öfter gefragt, ob du deiner Frau und deiner Tochter wirklich einen Gefallen damit tust, so lange Zeit so weit entfernt von England mit deiner Familie zu leben!«

Sara stand auf und huschte mit dem Brief aus dem Zimmer, als ihr Vater gerade sagte: »Wenn das jemand anderes sagen würde als du, Humphrey, wäre ich verletzt. Aber ich weiß, dass du mein Freund bist und es gut mit mir meinst. Es ist nur das Geschäft, was mich hier nach Antwerpen verschlagen hat, und ich möchte meine Frau und meine Tochter um mich haben. Sara ist noch so jung ...«

Die Stimmen im Esszimmer verklangen, als Sara die Treppe zu ihrem Zimmer hinauflief. Sie schloss leise die Tür, ging zu ihrem Fenstersitz und sank auf das Kissen. Während sie ihre Wange an den kühlen Fensterrahmen presste, blickte sie hinaus auf die dunkle Straße der Stadt. Die Straßenlaternen waren in einen dichten Abendnebel gehüllt.

Sie hatte oft an Anne Boleyn gedacht – damals war sie noch nicht Königin gewesen. Aber sie hatte nie damit gerechnet, einen Brief von ihr zu erhalten! Schließlich war das alles schon vor drei Jahren passiert; Sara war damals gerade erst zehn Jahre alt ...

Der Unfall

Sara erinnerte sich an das Zusammentreffen mit Anne Boleyn, als wäre es gestern gewesen.

Auf einer seiner Geschäftsreisen nach England hatte sich Thomas Poyntz entschlossen, die Familie seiner Cousine in Gloucestershire zu besuchen. Der schöne Landsitz, auf dem seine Cousine Lady Anne Walsh und ihre Familie lebten, war ungefähr 160 km von London entfernt.

Thomas Poyntz hatte Sara auf die Reise mitgenommen. »Es wird dir gut tun, ein bisschen Zeit auf Little Sodbury Manor zu verbringen«, hatte ihr Vater zu ihr gesagt, während die Mietkutsche an Feldern und Büschen vorbeisauste. Es war Frühling. »Das heißt natürlich nur, wenn du es mit deinen zwei Cousins aushältst«, scherzte er. »Johnny dürfte jetzt etwa vierzehn sein... Miles ist ein Jahr jünger.«

Vielleicht lag es daran, dass ihre Mama sich entschlossen hatte, in Antwerpen zu bleiben, und Papa sie nicht ständig ermahnte, sich »wie eine Lady« zu benehmen. Oder vielleicht lag es auch daran, dass es auf dem Land so viele neue und interessante Dinge zu entdecken gab. Auf jeden Fall hatte Sara keinerlei »Probleme« mit ihren Cousins. Die Jungen ließen sie bei der Fütterung und Pflege der Ponys mithelfen, und sie brachten ihr bei, wie man die Hand flach ausstreckt, damit die samtigen Lippen der Ponys Karotten aus ihrer Hand fressen konnten. Johnny zeigte ihr all die verschiedenen grünen Pflanzensprösslinge, die ihre Köpfe durch die Erde steckten, und nannte all die Namen der Gemüsepflanzen oder Blumen.

Miles zeigte ihr den Baum, der im letzten Sturm über den reißenden Fluss gefallen war, und er klatschte Beifall, als es Sara gelang, auf dem Baumstamm an die andere Seite zu kommen. Sie hatte Angst, als sie in den sprudelnden Wasserlauf hinunterblickte, der von den Regenfällen im Frühling stark angeschwollen war und unter dem Baumstamm hindurchbrauste. Aber Miles hatte sie ermuntert: »Schau einfach immer nur geradeaus auf die andere Seite!«, und im Nu war sie ans andere Ufer gelangt.

Aber am schönsten fand sie es, dass die Jungen sie mitnahmen, wenn sie die Wälder und Wiesen durchforschten, und ihr einige ihrer »Geheimplätze« zeigten. Als sie einmal unter einem natürlichen Dach von Gestrüpp und Weinlaub saßen und das Brot und den Käse aßen, den die Jungen aus der Küche stibitzt hatten, hatte sich Sara gewünscht, dass sie für immer auf Little Sodbury Manor bleiben könnte.

»Wir gehen jetzt besser wieder zurück«, hatte Johnny gemahnt und war unter dem Blätterdach hervorgekrochen. Er war bereits fast so groß wie sein Vater. »Mutter erwartet heute Gesellschaft, und sie möchte, dass wir rechtzeitig zu Hause sind, um uns sauberzumachen.«

»Gesellschaft?«, hatte Sara gefragt. Besuch mochte sie überhaupt nicht; denn sie wollte ihre Cousins am liebsten ganz für sich alleine haben.

»Nur eine Jugendfreundin meiner Mutter – Anne Boleyn. Sie ist Hofdame des Königs.«

Miles kicherte. »*Noch*. König Heinrich hat endlich die Scheidung von seiner Frau durchgesetzt, und jedermann weiß, dass er jetzt ein Auge auf Anne geworfen hat.«

»Du solltest nicht so über Mutters Freundin reden«, schimpfte Johnny. »Kommt, wir gehen besser zurück.« Aber als die drei jungen Leute den Gartenweg zum Haus entlanggingen, sahen sie zwei schöne Wagen, die in der Einfahrt standen. Die Pferde waren noch angeschirrt, und einige Bedienstete luden Taschen aus dem Kutschkasten.

»Sie ist also bereits hier!«, stellte Miles fest.

Sara schaute auf ihre dreckverkrusteten Hände. Sie konnte sie unmöglich an ihrem Kleid abwischen ... und außerdem waren in ihrem Unterrock einige Blätter und Zweiglein hängengeblieben. Sie strich über das Kleid und rieb dann ihre Hände mit feuchtem Gras ab. Jetzt sah sie ein bisschen besser aus – aber nicht viel. Wenn Mama hier gewesen wäre, hätte sie großen Ärger bekommen!

Aber die Erwachsenen waren ganz in ihre Gespräche vertieft und damit beschäftigt, den Dienstboten Anweisungen zu geben, wohin sie die Taschen bringen sollten. »Ah! Da sind ja die Kinder!«, rief Sir John Walsh, als sie die Halle betraten. »Lady Anne, Sie erinnern sich an unsere Söhne, Johnny und Miles. Und das ist unsere Nichte, Sara Poyntz.«

Gab es etwa zwei Annes? Die Cousine ihres Vaters hieß Lady Anne Walsh, und Anne Boleyn war ebenfalls Lady Anne. Das war ganz schön verwirrend. Dann merkte sie, dass jeder sie anblickte, und so machte sie schnell einen tiefen Knicks und neigte den Kopf.

»Sara!«, redete Anne Boleyn sie an. »Du bist genau die Richtige, die ich in diesem Haushalt von hübschen, aber ungeschickten Männern brauche. Frau Walsh ist weggegangen, um die Vorbereitungen für das Abendessen zu überwachen, und ich brauche eine Freundin, die mir beim Auspacken hilft.« Sie lächelte und streckte ihr die Hand entgegen.

Sara blickte auf die beiden Dienstmädchen, die in der Nähe standen. Was wusste sie schon davon, wie man einer Lady beim Auspacken half? Aber sie ergriff Annes Hand und ging mit ihr in das große Gästezimmer, wo bereits unzählige Kleider auf dem Bett ausgebreitet lagen. Erst als Anne ihre Hand längst losgelassen hatte, erinnerte sich Sara daran, wie schmutzig ihre Hände waren.

»Und außerdem hast du einen Schmutzfleck auf der Nase«, neckte Lady Anne sie, als ob sie ihre Gedanken lesen könnte. Die elegante Dame deutete mit dem Kopf auf eine handbemalte chinesische Waschschüssel und einen Krug auf dem Waschtisch. Sara fühlte, wie sie rot wurde, aber gehorsam goss sie kaltes Wasser in die Schüssel und nahm von der Lavendelseife, um sich Hände und Gesicht zu waschen. Dann trocknete sie sich mit einem von den schön bestickten Handtüchern ihrer Tante ab.

Als Sara ihre Wäsche beendet hatte, waren die Dienstmädchen bereits dabei, die Kleider in den Schrank zu hängen. Sara beobachtete den Gast ihrer Tante. Anne Boleyns dunkles Haar war nach der englischen Mode ganz aus dem Gesicht nach hinten gekämmt und mit einem plissierten Kopfputz voller Perlen geschmückt. Der viereckige tiefe Ausschnitt ihres roten Kleides war ebenfalls mit Perlen bestickt. In dem hellen, klaren Gesicht hoben sich die schmalen roten Lippen und die dunklen Augen besonders ab.

Anne Boleyn war keine ideale Schönheit, aber sie war atemberaubend – und aufregend.

»Gut. Nun bist du also sauber«, meinte die Lady mit demselben neckenden Lächeln auf ihren Lippen. »Jetzt können wir uns ja wieder schmutzig machen.«

Sara blickte sie verwundert an. »Wie bitte?«

»Hilf mir, ein gutes Kleid zum Wandern herauszusuchen. Ihr Kinder habt offensichtlich recht viel Spaß gehabt. Ich würde so gern vor dem ganzen Rummel und dem Gehätschel dieser dummen Dienstboten fliehen! Würdest du mit mir einen Spaziergang machen und mir die Gegend zeigen, Sara?«

Sara musste lachen. »In Ordnung. Wenn Sie es wünschen.«

Das ist aber eine sehr merkwürdige Lady dachte sie bei sich. Zusammen wählten sie ein einfaches braunes Kleid mit einem hohen Kragen aus, das nur ein wenig Spitze am Ausschnitt und an den Ärmeln hatte. Eines der Dienstmädchen entfernte Annes Kopfschmuck und band dann das volle dunkle Haar in einem Knoten im Nacken zusammen.

Saras eigenes Haar war hellbraun, mit Locken und Strähnen, die sich kaum bändigen ließen. *Wenn ich nur so dichtes dunkles Haar hätte!* dachte sie neidisch.

Anne schickte daraufhin eine Kammerzofe zu ihren Gastgebern, um ihnen ausrichten zu lassen, dass sie mit Sara spazieren gehen würde – und zwar allein. Die beiden Kammerzofen protestierten, doch Anne winkte ab. »Komm, Sara. Wir sind kilometerweit von London entfernt, und ich brauche dringend frische Luft!«

Sara hielt das Gatter am Ende des Weges auf und machte es hinter sich und ihrer neuen Freundin wieder zu. Die beiden Ponys der Familie Walsh hoben ihre Köpfe und kamen neugierig angetrottet.

»Miles will mir das Reiten beibringen!«, erzählte Sara stolz und streichelte eins der Ponys hinter den Ohren. »Können Sie reiten, Lady Anne?«

Anne Boleyn fütterte das andere Pony mit einem Grasbüschel. »Ja ... ja, ich habe als junges Mädchen in Frankreich reiten gelernt.« »Sind Sie Französin?«

Anne lächelte. »Nein, aber ich war Hofdame von Königin Maria, als sie nach Frankreich ging, um den französischen König zu heiraten.«

»Hofdame? Wie alt waren Sie denn da?«

»Gerade zwölf. Wie alt bist du denn, Sara?«

»Zehn. Wie alt muss man denn sein, um Hofdame zu werden?«

»Zehn ist ein bisschen jung«, meinte Anne. »Manchmal wünschte ich ...«

Aber sie hielt inne, als sie beide weitergingen.

Sie wünschte sich *was*? Aber Sara hatte nicht den Mut zu fragen. Sie gingen eine Weile schweigend über die Wiesen, kamen an ein weiteres Gatter und erreichten dann den kühlen Wald.

»Würden Sie gern den Baum sehen, den der Sturm entwurzelt hat? Kommen Sie!« Sara ergriff Lady Annes Hand und hüpfte mit ihr davon. Anne lachte, als sie versuchte, mit Sara Schritt zu halten, denn sie musste ab und zu anhalten, um ihren Rock von Dorngestrüpp am Weg zu befreien.

Dort lag der riesige Baumstamm über dem wilden Wasser des Flusslaufes. Die nackten Wurzeln ragten in die Höhe und waren immer noch voller Erdklumpen. Die meisten Äste lagen auf der anderen Seite des Wassers; einige Äste jedoch schleiften mit ihren Blättern im Wasser.

»Können wir da rübergehen?«, fragte Lady Anne.

»Natürlich. Ich habe den Fluss einmal mit Miles und Johnny hier überquert. Ich gehe also zuerst.«

Sara raffte ihren Rock mit einer Hand zusammen und zog sich mit der anderen an einer dicken Wurzel hoch. Sie trat auf die Wurzeln und Knoten, so dass sie auf die Oberseite des liegenden Baumstammes gelangte. »Sehen Sie?«

Sie beugte sich vor und half Anne dabei, auch hochzukommen. Weil sie dabei so lachte, musste Anne das zwei- oder dreimal versuchen, bis sie neben Sara stand.

»Ich fühle mich wieder wie eine Zehnjährige. Wenn meine Kammerzofen mich so sehen könnten!« Sie schüttelte den Kopf. »Und was würde erst König Heinrich sagen!« Und sie musste wiederum lachen.

Auch Sara kicherte. Sie konnte sich weder Mama noch ihre Tante Anne dabei vorstellen, wie sie diesen Baumstamm entlanggingen. Sie tastete sich vorsichtig weiter und blickte immer auf den am weitesten entfernten Ast, wie Johnny es ihr gesagt hatte. Der Stamm war in der Mitte etwa so dick, dass ihn ein Mann umfassen konnte, und er wurde auf dem Weg zum anderen Ufer immer dünner. Aber dort konnte man sich ja dann an den Ästen festhalten. Sara war gerade bei den Ästen angekommen, als ein Schrei die Stille zerriss.

»Sara! Hilfe, ich falle!« Sara drehte sich blitzschnell um und erkannte gerade noch, wie Anne Boleyn ins Wasser fiel, wobei ihr schönes braunes Kleid um ihre Taille wirbelte. Annes Kopf verschwand einen Augenblick lang unter dem schäumenden Wasser, dann tauchte sie nach Luft schnappend auf.

»Hilfe! Hilf mir! Ich kann nicht schwimmen!«

Der Besucher

Sara war vor Schreck wie gelähmt. Anne Boleyn schlug im Strom hilflos mit den Armen um sich, während sie mit den Füßen versuchte, den Boden zu erreichen. Doch das wilde Wasser trieb sie nur wieder gegen den Baumstamm. Es gab hier nichts, woran sie sich hätte festhalten können, außer an dem dicken Stamm, der aber mehr als fünfzehn Zentimeter über dem schäumenden Wasser schwebte.

Ohne zu zögern kroch Sara den Weg zurück, den sie gekommen war. Da, ungefähr zwei Meter von Anne entfernt, ragte ein Ast des Baumes ins Wasser.

»Anne!«, schrie sie ihr zu. »Versuch' den Ast zu ergreifen!«

Aber Lady Anne schien sie nicht zu hören. Sie tauchte wieder unter und erschien dann prustend wieder an der Wasseroberfläche.

Es gab nur eine einzige Rettung. Sara sprang ins Wasser. Das Wasser war eiskalt und bewegte sich viel schneller, als es aussah. Ihre Kleider

waren schwer und schienen sie in die Tiefe zu ziehen. Sie schüttelte sich, so dass das Wasser spritzte, und schaute sich verzweifelt nach dem Ast um. Da war er. Sie griff nach ein paar Blättern und bekam einen festeren Halt mit zwei Händen. Aber wo war Anne? Sara drehte sich um. Anne versuchte, die Baumrinde mit den Fingern zu ergreifen, aber die Strömung schien alles außer ihrem Kopf und ihren Schultern unter den Baum zu ziehen.

Sara wusste, dass Anne ihren Arm nicht packen konnte. Aber vielleicht …

»Anne!«, schrie sie wieder, »pack' meinen Fuß!«

Sara hielt sich mit beiden Händen an dem Ast fest und ließ dabei ihren Körper von dem Wasser in Richtung der verängstigten Frau treiben. Anne packte den Knöchel des Mädchens, und einen Moment lang schien es Sara, als ob sie durch das zusätzliche Gewicht den Halt an dem Ast verlieren würde. Aber schon zog sich Anne an Saras Bein entlang, bis Sara ihr eine Hand reichen konnte. Dann gelang es Anne, ebenfalls den Ast zu ergreifen, und die beiden kauerten sich im Wasser aneinander und hielten sich fest.

Nach einigen Minuten lockerte sich der Griff der weißen Fingerknöchel von Anne ein wenig. »Sara, ich glaube, ich kann den Boden fühlen«, sagte sie mit klappernden Zähnen. Ihr Körper sank nach unten, bis kaum noch ihr Kinn aus dem Wasser ragte.

Sara überlegte, was sie wohl als Nächstes tun könnten, als sie Stimmen hörten. »Hallo! Sara! Lady Anne!«, Das war Johnnys Stimme!

»Johnny!«, schrie Sara. »Wir sind hier im Wasser!« Im nächsten Augenblick hetzten Johnny und Miles den Baumstamm entlang. Sie hielten kurz über den zwei zitternden Frauengestalten an, dann eilten sie zum anderen Ufer. Johnny ließ sich als Erster ins Wasser und hangelte sich dann am Baumstamm entlang, indem er einen Ast nach dem anderen ergriff, bis er

Anne erreichte. Miles war direkt hinter ihm und streckte sich nach Sara aus.

In wenigen Minuten waren sie alle vier atemlos am Ufer. »Wie ist das denn passiert?«, keuchte Johnny.

Plötzlich bekam Sara es mit der Angst zu tun. Es war alles ihre Schuld! *Sie* hatte Lady Anne über den gefallenen Baumstamm gelotst. Nun war sie tropfnass, voller Schlamm und zitterte vor Kälte. Eine Hofdame des Königs! Was würden Tante Anne und Onkel John von ihr denken? Was würde Papa sagen? Und Anne Boleyn? Sie war bestimmt böse!

Zu ihrem großen Erstaunen begann Lady Anne zu lachen. Sie hatte ihr Haarnetz im Wasser verloren, und das dunkle Haar klebte ihr am Kopf und an den Schultern. Die Spitze am Ausschnitt ihres Kleides war schlammig und schlaff. Aber sie lachte.

»Ach, Kinder, Kinder!«, keuchte sie. »Wenn ich nicht solche Angst gehabt hätte, wäre das für mich das lustigste Erlebnis seit Jahren gewesen!«

✽ ✽ ✽ ✽ ✽

Die vier boten einen seltsamen Anblick, als sie den Weg zum Landhaus emporstolperten. Aber Anne Boleyn erzählte bloß, sie sei dummerweise in den Fluss gefallen, und wenn Sara ihr nicht mutig nachgesprungen wäre, wäre es um sie geschehen gewesen. Und war es nicht großartig von den Jungen gewesen, dass sie sie aufgestöbert und ihnen aus dem Wasser herausgeholfen hatten?

Bäder wurden mit heißem Wasser gefüllt, die schmutzige Kleidung ausgespült und für die Wäsche zusammengebündelt und trockene Kleidung bereitgestellt. Dann waren die drei Kinder und die beiden Väter in dem großen Wohnzimmer am steinernen Kamin versammelt und warteten auf die Damen. Sara war dankbar für die knisternde Wärme des Feuers, die an diesem kühlen Frühlingsabend besonders wohltuend war.

Ein Butler erschien. »Sir John? Da ist ein Gentleman an der Tür...«

»Von wegen Gentleman«, erklang eine Stimme, und ein hochgewachsener junger Mann in Reisekleidung stand vor ihnen.

»John Frith! Mein lieber junger Freund!«, wurde er freudig von Sir John begrüßt, der ihn an beiden Schultern packte. »Kommen Sie herein, nur herein! Wir werden in Kürze zu Abend essen, und Sie sind herzlich eingeladen!«

»Ich bitte um Entschuldigung, Sir John, dass ich Ihnen meine Ankunft nicht mitgeteilt habe. Ich muss meine Rückkehr nach England vorerst geheim halten ... Oh, entschuldigen Sie. Ich hatte nicht bemerkt, dass Sie noch andere Gäste haben.«

»Nein, nein. Kommen Sie herein. Sie sind in unserem Hause immer willkommen.« Sir John wandte sich zu Saras Vater um. »Dies ist John Frith, ein guter Freund von William Tyndale, von dem ich dir erzählt habe. John Frith ... mein Schwager Thomas Poyntz.«

»John Frith!«, begrüßte Lady Walsh den Gast, als sie die Halle betrat. »Wie froh bin ich, Sie zu sehen! Wir werden heute Abend ein wunderbares Diner haben. Und dies ...«, und dabei zeigte sie auf ihre Freundin, die ein elegantes blaues Gewand trug und ihr noch feuchtes Haar wieder mit dem edelsteinbesetzten Kopfschmuck bedeckt hatte, »... ist eine alte Freundin: Lady Anne Boleyn.«

John Frith sah ein wenig erschreckt aus, aber er nahm die Hand der Damen mit einer Verbeugung. »Ich bin entzückt, Sie kennen zu lernen, Lady Anne. Stimmt es, dass Sie schon bald unsere nächste Königin sein werden?«

»Ich sehe, dass der Klatsch am Hof sich wie ein Lauffeuer verbreitet«, erwiderte Lady Anne mit einem kleinen Lächeln.

Sara blinzelte. Anne Boleyn würde die neue Königin sein? Sie war mit der zukünftigen Königin von England auf einem umgestürzten Baumstamm entlanggelaufen? Sara versuchte, Miles' Blick aufzufangen, aber die Jungen folgten den Erwachsenen an den langen Tisch, auf dem feines Porzellan, Kerzen und Gläser standen. Als alle ihre Plätze eingenommen hatten, war Sara froh, dass Miles ihr gegenüber saß.

Nachdem das Essen serviert war und die Dienstboten keine Deckel mehr hoben oder Wein ausschenkten, strahlte Sir John seine Gäste an. »Frith, mein Lieber, welche Neuigkeiten bringen Sie uns von William Tyndale? Es ist schon lange her, dass wir etwas von ihm gehört haben, und wir möchten gern wissen, wie es mit seiner Übersetzung vorangeht.«

John Frith räusperte sich verlegen. »Ich würde euch gerne sagen, was ich weiß, aber – äh – vielleicht ist das nicht die angemessene Unterhaltung für die anwesenden Gäste.« Sein Blick ruhte einen Augenblick lang auf Anne Boleyn und wanderte dann zurück zu seinem Gastgeber.

Sir John lächelte. »Mein lieber Freund, seien Sie unbesorgt. Anne Boleyn ist eine langjährige Freundin von uns. Was immer in diesem Haus passiert, ist nur für unsere Ohren bestimmt und wird den Hof nicht erreichen. Habe ich Recht, Anne?«

Lady Anne schien durch Friths Unbehagen keineswegs beleidigt zu sein. »Auch ich habe die Walshs von William Tyndale sprechen hören und würde gerne mehr wissen«, antwortete sie freundlich.

Sara machten diese Reden ungeduldig. Nach ihrem unfreiwilligen Wasserbad fühlte sie sich vor Hunger ganz schwach. Der saftige Lammbraten auf ihrem Teller roch vorzüglich, und sogar das Gemüse in der feinen Soße machte ihr Appetit. Miles ließ es sich bereits schmecken, also nahm sich auch Sara einen großen Bissen von dem Fleisch. Es schmeckte herrlich.

»... Du siehst also, lieber Schwager«, sagte Sir John gerade zu Saras Vater, »wir haben Tyndale als Privatlehrer für die Jungen eingestellt, und wir haben selbst viel von seinen wissenschaftlichen Studien über die Heilige Schrift gelernt. Immer wenn wir Gäste hatten, haben wir von seinem Wunsch erzählt, die Heilige Schrift in die englische Sprache zu übertragen. Er will, dass alle Menschen – du und ich, sogar die Kinder – die

Bibel selbst in unserer Sprache lesen können und sie nicht nur auf Latein hören.«

»Aber das ist natürlich keine gute Idee in den Augen der Kirche, oder?«, fragte Thomas.

»Wohl kaum!«, lachte Sir John. »Mehr als einer stand von unserem Tisch mit Bauchschmerzen auf – und die kamen nicht vom Essen!«

»Ja«, mischte sich John Frith ein, »die Geistlichen möchten, dass die Leute unwissend bleiben, damit sie ihre bösen Praktiken aufrechterhalten können.«

»Vater«, mischte sich Johnny ein, »erinnerst du dich daran, als der Abt hier war und Meister Tyndale gesagt hat: ›Wenn Gott es zulässt, werde ich dafür sorgen, dass in wenigen Jahren der Junge auf dem Feld mehr über die Heilige Schrift weiß als Sie!‹?«

Sir John lachte noch lauter. »Ja, natürlich! Tyndale hat den Praktiken der Geistlichen den Kampf angesagt!« Aber dann verebbte sein Lachen, und er seufzte. »Kurz danach merkten wir, dass William in England nicht mehr sicher war. Er ist nach Europa gegangen, um dort seine Arbeit fortzusetzen. Wir haben ihn seitdem nicht mehr gesehen.«

»Er war ein guter Lehrer!«, meinte Miles. »Ich wünschte, ich könnte ihn wiedersehen.«

Lady Anne Walsh wandte sich an John

Frith. »Aber was ist in der Zwischenzeit passiert? Konnte er seine englische Bibel drucken?«

»Ja, er hat das Neue Testament fertiggestellt«, nickte der junge Mann, »jedoch nur unter großen Schwierigkeiten. Die englischen Behörden haben ihn verfolgt, und er musste mehrmals fliehen. Aber die gedruckten Exemplare des Neuen Testaments kommen regelmäßig nach England.«

Ein Lächeln umspielte die Mundwinkel von John Frith. »Der Bischof hat so viele Exemplare gekauft, wie er nur konnte, um sie zu verbrennen – aber alles Geld geht direkt zurück an Tyndale zur Finanzierung seiner Arbeit am Alten Testament!«

Sir John Walsh lachte wiederum, und Anne Boleyns Augen blitzten. « Diesen Tyndale würde ich gerne mal kennen lernen. Der Mann hat wirklich Mut! Ich würde auch gern die Heilige Schrift auf Englisch lesen. Es ist so ermüdend, die Priester immer und immer auf Latein zu hören und gar nichts zu verstehen.«

Die Erwachsenen hoben kurz danach die Tafel auf und setzten ihre Unterhaltung am Kamin im Wohnzimmer fort. Sara zog Miles beiseite.

»Ist dein Meister Tyndale in Gefahr?«

»Wenn sie ihn schnappen, ja«, erwiderte Miles. »Als ich klein war, hat mir Meister Tyndale von einer Familie erzählt, die ihren Kindern das Vaterunser auf Englisch beigebracht hatte. Die Priester waren so verärgert, dass sie die Eltern auf dem Scheiterhaufen verbrennen ließen. Sie sagten, es sei eine Gotteslästerung, wenn einfache Leute das heilige Wort Gottes in ihrer gemeinen Sprache sprechen.«

Sara bedeckte ihr Gesicht mit den Händen. Wie schrecklich!

»Sara«, flüsterte Miles ihr zu, »ich kann das Vaterunser auf Englisch. Johnny kann es auch. Unsere Eltern haben es uns beigebracht.«

»Aber ... Miles!« Sara bekam fürchterliche Angst. »Was ist, wenn das jemand herausfindet?«

»Mach dir keine Sorgen. Meine Eltern werden von allen Adligen und den Kirchenleuten respektiert. Und wir sagen es nur zu Hause, wenn wir alleine sind.«

Sara schwieg eine Weile. Dann meinte sie: »Würdest du ... würdest du das Vaterunser aufsagen ... für mich ... auf Englisch?«

Miles grinste. »Wenn du willst. Falte deine Hände; es ist ein Gebet, weißt du.«

Mit den Stimmen der Erwachsenen und dem Knistern des Feuers im Hintergrund faltete Sara ihre Hände und schloss die Augen, während Miles mit leiser Stimme die Worte sang:

Vater unser im Himmel!
Dein Name werde geheiligt.
Dein Reich komme.
Dein Wille geschehe, wie im Himmel, so auf Erden.
Unser tägliches Brot gib uns heute.
Und vergib uns unsere Schuld,
wie auch wir vergeben unseren Schuldigern.
Und führe uns nicht in Versuchung,
sondern erlöse uns von dem Bösen.
Denn dein ist das Reich und die Kraft
und die Herrlichkeit in Ewigkeit. Amen.

In dieser Nacht, als Sara in ihrem Rollbett lag, das sie unter dem großen Bett, in dem ihr Vater schlief, hervorgezogen hatte, sagte sie sich die Worte immer wieder im Geiste vor. *Vater unser im Himmel ... Dein Reich komme, dein Wille geschehe ... Vergib uns unsere Schuld ...* Und als sie einschlief, dachte sie, dass sie niemals etwas Schöneres gehört hatte als das Vaterunser.

Ein sicherer Ort

Sara schlief am nächsten Morgen sehr lange. Sie erwachte erst, als sie laute Stimmen im Haus und von draußen vernahm. Alle anderen waren anscheinend schon wach. Sie machte eine Katzenwäsche, schlüpfte in ein einfaches Schürzenkleid, bürstete ihr wildes Haar, so gut sie konnte, und schlich die Treppe hinunter.

In der Halle hörte sie Stimmen, und jemand nannte ihren Namen. Als sie an der großen hölzernen Tür in den Raum spähte, sah sie ihren Vater und Anne Boleyn in eine ernste Unterhaltung vertieft.

»Ihre Einladung ist sehr freundlich, Lady Anne«, sagte ihr Vater gerade. »Aber ich muss sie leider ablehnen. Sara ist noch zu jung, um ihre Mutter und mich zu verlassen...« Er hob die Hand, als Lady Anne etwas sagen wollte. »Und selbst wenn sie älter wäre, würde ich nicht wollen, dass meine Tochter all den Belastungen und Versuchungen des Hoflebens ausgesetzt wird.«

»Ich würde mich mit der größten Sorgfalt

um sie kümmern...«, erwiderte Lady Anne. Sara hielt den Atem an.

»Ihre Absichten sind zweifellos ehrbar«, fuhr Thomas Poyntz fort. »Aber Ihre eigene Situation ist selbst noch unklar. Wird König Heinrich Sie heiraten können, so wie er es will? Er will zwar unbedingt einen männlichen Thronerben haben, den die jetzige Königin ihm bedauerlicherweise nicht schenken konnte. Doch eine rechtmäßige Scheidung ist fraglich.«

»Sie heißen das also nicht gut?«, fragte Lady Anne sanft.

»Das ist hier nicht die Frage. Doch ich bemühe mich darum, dass meine Tochter nicht in politische Ereignisse hineingezogen wird, die selbst Sie nicht unter Kontrolle haben.«

»Ha, beim Lauschen erwischt!«, neckte jemand dicht neben Saras Ohr. Sara fuhr erschreckt zusammen und schaute geradewegs in das lachende Gesicht von John Frith. Er nahm ihre Hand und führte sie ins Wohnzimmer.

»Es ist Zeit für mich, Sie zu verlassen, Herr Poyntz«, begann der junge Mann. »Ich wollte mich von Ihnen und Lady Anne verabschieden.«

Poyntz schien erleichtert über die Unterbrechung des Gesprächs zu sein. Er schüttelte John Friths Hand sehr herzlich. Der junge Mann hatte Saras Vater offensichtlich beeindruckt.

Frith wandte sich dann an Anne Boleyn.

»My lady, Sie sagten, dass Sie gerne Meister Tyndale kennen lernen würden. Ich weiß nicht, ob das in diesem Leben noch möglich sein wird. Aber Sie können diesen Mann kennen lernen, indem Sie seine Schriften lesen.« Sara sah, wie John Frith ein dünnes Büchlein aus seiner Reisetasche zog und es Lady Anne überreichte. Der Einband war elegant und mit einer wunderschönen Handschrift verziert.

»*Der Gehorsam des Christen*«, las Anne langsam vor.

»Ich wünschte, es wäre eine Ausgabe des Neuen Testamentes auf Englisch«, antwortete Frith, »aber die letzten Exemplare wurden leider durch unseren Bischof zu Asche gemacht.« Er lächelte schief. »Aber hier haben Sie die Gedanken Tyndales über die Bedeutung des Gehorsams gegenüber dem Wort Gottes – der weit wichtiger ist als die Traditionen der Kirche oder die päpstlichen Verfügungen.«

Anne lachte. »Das würde König Heinrich gefallen! Er ist nicht sehr begeistert von den Verfügungen des Papstes, vor allem, da er sich von seiner Frau scheiden lassen möchte.« Dann fuhr sie ernsthafter fort: »Ich danke Ihnen, John Frith. Ich schätze Ihr Geschenk und werde es lesen.«

Wenige Minuten später kam auch der Rest

der Familie Walsh, um sich zu verabschieden. Als sie Frith wegreiten sahen, seufzte Sir John Walsh. »Ich habe Angst um den jungen Frith, genauso wie ich Angst um Meister Tyndale habe. Wir leben in intoleranten Zeiten.«

Plötzlich wandte er sich an Saras Vater. »Es gibt da eine Sache, über die ich gerne mit dir sprechen möchte, Cousin Thomas. Johnny ist natürlich der Erbe dieses Anwesens und zeigt auch schon ein reges Interesse an seiner Verwaltung. Aber Miles ...«, und dabei nickte er Miles zu, »hat etwas anderes im Sinn. Er zeigt Interesse für den Kaufmannsberuf.«

Miles grinste Sara an.

»Ich habe mich gefragt«, fuhr Sir John fort, »ob du vielleicht bereit wärst, ihn für einige Jahre als Lehrling zu dir zu nehmen?«

Sara machte große Augen. Sie hatte sich immer einen älteren Bruder oder eine ältere Schwester gewünscht. War das denn überhaupt möglich? Würde Miles wirklich eine Weile bei ihnen sein können? In ihrem Kopf drehte sich alles. Erst hatte sie Anne Boleyns Wunsch gehört, dass sie als Hofdame an das Königsschloss kommen solle, dann hatte ihr Vater die Einladung abgelehnt, dann hatte John Frith über Meister Tyndale geredet und über Bibeln, die verbrannt wurden, und nun sollte Miles nach Antwerpen kommen,

um wie ihr Vater Kaufmann zu werden. Am liebsten wäre sie an einen einsamen Ort im Wald davongelaufen, um über alles in Ruhe nachzudenken.

Einige Tage später reiste Anne Boleyn ohne Sara an den Königshof zurück. Doch als der Wagen mit Thomas Poyntz und seiner Tochter Sara von Little Sodbury Manor abfuhr, war auch Miles' Gepäck im Kutschwagen verstaut, und Miles winkte seinem Bruder Johnny zum Abschied zu.

✽✽✽✽✽

Das alles war vor drei Jahren geschehen.

Als Sara nun an dem Fensterplatz in ihrem Zimmer in Antwerpen saß und auf den Nebel hinausblickte, der die Straßenlaternen verschluckte, erinnerte sie sich daran, wie Miles Mutter ihren Sohn zum Abschied geküsst und dann zu

Saras Vater gesagt hatte: »Cousin Thomas, ich weiß, dass du gut auf meinen Sohn aufpassen wirst. Wenn Gott dir die Möglichkeit gibt, wirst du dann auch unserem Bruder in Christus helfen, Meister Tyndale, falls sich eure Wege kreuzen?«

»Das werde ich, liebe Cousine«, hatte ihr Vater geantwortet. »Ich bin davon überzeugt, dass diese Arbeit eine Berufung von Gott ist. Ich werde tun, was ich kann.«

Nach einer Fahrt nach England, wohin sie Wein und feine Seide gebracht hatten, waren Papa und Miles mit der Nachricht zurückgekehrt, dass König Heinrich VIII. nun endlich seine Scheidung durchgesetzt und Anne Boleyn geheiratet hatte. Doch Sara vermutete, dass sie nie wieder von der Lady hören würde, die in den Fluss in Little Sodbury gefallen war.

Nun lag Lady Annes Brief auf ihrem Schoß.

Königin Annes Brief, besser gesagt.

Ein leichtes Klopfen an ihrer Tür schreckte sie aus ihren Gedanken auf. Die Tür wurde einen Spaltbreit aufgemacht. Es war Miles. »Dein Vater hat mich geschickt. Du sollst ins Wohnzimmer kommen.«

»Ist Papa böse auf mich?«

Miles grinste. »Nein, du Dummes. Er möchte wegen irgendeiner wichtigen Sache einen Familienrat abhalten.« Sein Grinsen verschwand und machte einem leichten Stirnrunzeln Platz. »Dein Vater ist auf der letzten Reise nach England immer wieder zwischendurch verschwunden – wie auch heute, als wir das Schiff entladen haben. Deshalb sind wir auch so spät gekommen. Aber aus mir kriegst du keinen Ton heraus. Wahrscheinlich werdet ihr jetzt alles erfahren.«

Sara steckte den Brief unter ihr Kopfkissen und folgte Miles ins Wohnzimmer. Ihre Mutter und ihr Vater saßen nahe beim Feuer, und Humphrey Monmouth zog an seiner Pfeife.

»Komm, setzt euch hin, Sara und Miles«, eröffnete ihr Vater das Gespräch. »Es gibt einige Angelegenheiten, über die ihr Bescheid wissen müsst.«

Sara setzte sich auf einen Schemel neben ihre Mutter.

Thomas Poyntz holte tief Luft. »Ihr beide erinnert euch sicher an John Frith, den jungen Freund von William Tyndale – und daran, wie wir ihn vor einigen Jahren bei unserem Besuch in Little Sodbury kennen gelernt haben. Er hat Tyndales Übersetzungsarbeit stark unterstützt und ist im Auftrag Tyndales zwischen England und Belgien hin- und hergereist.«

Poyntz hielt inne und blickte jeden im Raum nacheinander an. »Aber ich habe während der jetzigen Reise erfahren, dass der junge Frith von

Tyndales Gegnern auf dem Scheiterhaufen verbrannt wurde.«

»Thomas! Nein!«, rief Frau Poyntz aus.

Miles blickte entsetzt drein. Sara verbarg ihr Gesicht an der Schulter ihrer Mutter. *Nicht John Frith! Warum? Wer konnte so etwas tun?*

Dann fuhr ihr ein entsetzlicher Gedanke durch den Kopf. Sie hob den Kopf und starrte mit weit aufgerissenen Augen auf ihren Vater. »Es war doch hoffentlich nicht, weil Königin Anne ... das Buch, das er ihr gegeben hat ... oh, Papa!«

»Nein, nein, mein Kind«, versuchte Poyntz seine Tochter zu beruhigen. »Ich bin sicher, Anne Boleyn hat nichts damit zu tun. Das Wort Gottes hat viele Feinde, die nicht wollen, dass das Volk es hört.« Trotz dieser schrecklichen Neuigkeit fühlte sich Sara etwas erleichtert. Natürlich würde Anne Boleyn niemals eine Freundin verraten. Aber ihr Vater redete weiter, und sie versuchte, sich auf seine Worte zu konzentrieren.

»Kurz nachdem wir John Frith in Little Sodbury getroffen haben, hat mir Humphrey geholfen, William Tyndale in Deutschland ausfindig zu machen. Er hat Meister Tyndale vor Jahren einen sicheren Aufenthaltsort in England verschafft und seitdem immer seine Spur verfolgt.«

Sara blickte Humphrey Monmouth an, der weiter an seiner Pfeife paffte. Welche anderen Geheimnisse hatte der fröhliche Kaufmann noch?

»Seit dieser Zeit«, so fuhr ihr Vater fort, »habe ich mitgeholfen, Meister Tyndales Neue Testamente auf unseren Handelsschiffen nach England zu bringen – «

»Zu schmuggeln, lieber Thomas. Nenn' es ruhig bei seinem Namen!«, tadelte Humphrey Monmouth. »Es ist nicht die Zeit, die Wahrheit zu vertuschen. Sara und Miles sind keine kleinen Kinder mehr.«

»Ja, als Schmuggel wird es von denen bezeichnet, die sich davor fürchten«, gab Poyntz zu. »Ich habe hier zu Hause nicht viel darüber gesprochen, um dich, meine Liebe, und Sara zu beschützen; Miles hat jedoch alles gewusst. Aber bei der Nachricht vom Tod des jungen Frith bin ich zu einem Entschluss gekommen.«

»Natürlich«, nickte Frau Poyntz, der die Erleichterung bei diesen Worten anzusehen war. »Es ist ja auch viel zu gefährlich, Tyndales Bücher in dieser Zeit hierher zu verschiffen. Niemand nimmt es dir übel, wenn du diese Saison aussetzt.«

Ihr Mann aber schüttelte den Kopf. »Das war nicht der Entschluss, zu dem ich gekommen bin. Wenn man sogar John Frith verbrannt hat, dann wird man alles daransetzen, William Tyndale ebenfalls zu schnappen. Ich bin zu dem Entschluss gekommen, dass man ihm einen sicheren Unterschlupf gewähren muss – hier, bei uns, in der Herberge der englischen Kaufleute.«

Sara traute ihren Ohren nicht. Sie versetzte Miles einen leichten Fußtritt.

»Oh, Thomas!«, rief ihre Mutter entsetzt aus.

Thomas Poyntz legte eine Hand auf den Arm seiner Frau. »Natürlich nur, wenn du einverstanden bist. Es ist ein Risiko, aber wir haben viele Freunde beim Adel und beim Klerus, sowohl in England als auch hier in Belgien. Ich würde das nicht tun, wenn ich nicht davon überzeugt wäre, dass sich das Risiko auszahlt.«

Frau Poyntz seufzte tief. »Du hast natürlich recht, Thomas. Aber – was ist mit den anderen Kaufleuten, die hier ein und aus gehen? Wird sich nicht die Neuigkeit ausbreiten, dass Meister Tyndale hier ist?«

Humphrey nahm seine Pfeife aus dem Mund. »Die meisten von unseren Kaufmannskollegen sind wie ich, Frau Poyntz – wir sympathisieren mit Meister Tyndales Wunsch, Gottes Wort in die Hände des einfachen Volkes zu geben. Meiner Ansicht nach gibt es keinen sichereren Ort für ihn als hier.«

Thomas Poyntz ließ seinen Blick über die Familie schweifen. Frau Poyntz nickte langsam. Auf Miles' Gesicht zeigte sich ein breites Grinsen. Sara lächelte und nickte ebenfalls.

»Dann ist es also beschlossene Sache. Denn ... äh – er wird nämlich noch heute Abend hierher kommen.«

»Heute Abend!«, riefen alle wie aus einem Mund.

»Ja. Um ehrlich zu sein – ähm –«, Poyntz bat mit einer Handbewegung um Ruhe. Da hörte man ein leises Klopfen an der Haustür. »Das wird unser Gast sein. Miles?«

Miles stand auf und ging zur Haustür. Sara sprang ebenfalls auf und folgte ihm. Miles schob den Riegel zurück, und die Tür schwang auf. Dort war im Nebel der Umriss eines Mannes zu sehen, mit einem Bündel auf seinem Rücken, einem in Öltuch gewickelten Paket unter einem Arm und einer Tasche in der anderen Hand. Er hatte einen kurzen Bart und freundliche Augen.

»Meister Tyndale!«, rief Miles aus. »Sie sind es wirklich!«

Der Lehrer

Nach einigen Wochen schien es Sara, als gehöre Meister Tyndale schon seit langer Zeit zur Familie. Er hatte sich schnell in einem freien Zimmerchen im obersten Geschoss der Herberge eingerichtet. Seine wenigen Kleidungsstücke hingen an Haken an der Wand, und seine Bücher waren fein säuberlich auf dem Schreibtisch aufgereiht.

Der Inhalt seines Paketes war ebenfalls auf dem Tisch ausgebreitet, neben einem Tintenfässchen, mehreren Schreibfedern und einem Messer zum Schärfen der Gänsekiele. Hier saß Meister Tyndale Stunde um Stunde, studierte seine Bücher und schrieb dann Seite um Seite auf blütenweißes Papier.

Er ging nur wenig aus, außer Montag nachmittags und samstags. Sara wusste nicht, wohin er dann ging, aber er kehrte oft traurig und müde zurück, und der Geldbeutel an seinem Gürtel war schlaff und lose. Frau Poyntz war immer besorgt, wenn er ausging, und ihre Nervosität ließ erst nach, wenn er wieder sicher in die Herberge der englischen Kaufleute zurückgekehrt war.

Sara klopfte eines Nachmittags im November an seine Tür. Sie trug ein Tablett mit einer Kanne voll heißem Tee und etwas frischem Brot.

»Herein.«

Sara drückte die Tür auf und stellte ihr Tablett ab. »Sie haben das Mittagessen ausgelassen, Meister Tyndale. Mama sagt, Sie müssen einmal unterbrechen und etwas essen.«

Der magere Mann strich sich mit der Hand über sein dünnes Haar und lächelte müde. »Du hast recht, Sara. Ich vertiefe mich so sehr in meine Arbeit, dass ich sogar manchmal das Essen vergesse. Dieses Brot riecht wunderbar.« Er schob das Papier von sich, brach ein Stück Brot ab und schüttete sich eine Tasse Tee ein.

Sara blickte neugierig auf die vielen Bogen Papier auf dem Tisch. »Was arbeiten Sie denn da?«

»Ah!«, meinte Tyndale, während er den Bissen hinunterschluckte und dazu von dem Tee trank. »Ich übersetze die Psalmen aus dem hebräischen Alten Testament ins Englische. Kannst du lesen, Sara?«

»Hm, ja«, stotterte Sara. »Aber nicht sehr gut.«

»Versuch es mal.« Er reichte ihr einen Bogen Papier.

Sara kniff die Augen zusammen und versuchte, die kleine Handschrift zu lesen.

Der Herr ist mein Hirte,
mir wird nichts mangeln.
Er weidet mich auf einer grünen Aue
und führet mich zum frischen Wasser.

Sie blickte auf. »Das ist wunderschön. Aber ... wovon spricht dieser Psalm?« Tyndale hob seine struppigen Augenbrauen. »Dieser Psalm wurde von König David geschrieben, der in seiner Jugend Hirte war. Er preist Gott dafür, dass er für uns sorgt wie ein Hirte, der über seine Herde wacht.«

Sara lachte. »Das gefällt mir! Können Sie mir noch mehr davon erzählen, was in der Bibel steht?«

Meister Tyndale lächelte. »Es ist schon einige Zeit her, dass ich Schüler hatte – seit ich Miles und seinen Bruder Johnny vor vielen Jahren in Little Sodbury unterrichtet habe. Oh, das waren kleine Strolche – sie haben immer ihren Spaß mit mir getrieben.« Meister Tyndale musste lachen. »Ich konnte kaum glauben, dass das Miles war, der mir da neulich die Tür öffnete. Er ist ja sozusagen schon erwachsen!«

Sara wartete ungeduldig, bis Tyndale sein Mahl aus Brot und Tee beendet hatte. Hatte er etwa ihre Frage nicht gehört? Sie beobachtete ihn, als er sein Geschirr vorsichtig auf das Tablett zurückstellte.

»Sara«, meinte er endlich mit blitzenden Augen, als er ihr das Tablett reichte, »ich wäre hochgeehrt, dein Lehrer zu sein und dich in der Heiligen Schrift, in Englisch, Latein und Geschichte – und was immer du noch lernen willst – zu unterrichten. Es wäre eine gute Möglichkeit, deinen Eltern für ihre große Freundlichkeit zu danken. Aber du musst sie erst um Erlaubnis fragen.«

Thomas Poyntz war hocherfreut über Tyndales Angebot, Sara Unterricht zu geben. Obwohl einige Mädchen in England Privatschulen besuchten, wurden die meisten zu Hause in Lesen, Schreiben, Malen und Handarbeit unterrichtet. Da sie in Belgien wohnten, war Saras Ausbildung reichlich kurz gewesen.

Und so begannen das junge Mädchen und der Gelehrte jeden Tag in diesem kalten Winter

1534/35 mit zwei Stunden Studium. Wenn Miles nicht bei ihrem Vater gebraucht wurde, gesellte er sich in Tyndales Dachzimmer zu ihnen.

Sara war von Tyndales Büchern fasziniert. Einge waren auf Griechisch und Deutsch geschrieben. Und natürlich gab es eine große lateinische Bibel. Aber ihr Lieblingsbuch war das englische Neue Testament.

»Würden Sie mir das Vaterunser beibringen?«, fragte sie Meister Tyndale eines Tages, als sie und Miles auf der Bank saßen, die eigens zu Unterrichtszwecken in das kleine Zimmer gebracht worden war.

Er schlug das Neue Testament bei dem Evangelium des Matthäus auf, im sechsten Kapitel. »Hier«, deutete er auf die entsprechende Stelle, »Vers neun.«

Und hier stand: *»Vater unser im Himmel! Geheiligt werde dein Name. Dein Reich komme. Dein Wille geschehe, wie im Himmel, so auf Erden ...«*

Als sie mit Vortragen fertig war, lächelte William Tyndale sie an. »Du kennst es ja bereits auswendig«, meinte er sanft. »Das ist gut, sehr gut. Meine lieben jungen Leute, bewahrt Gottes Wort in euren Herzen, wo es euch niemand wegnehmen kann.«

Die Lektion des heutigen Tages war ein Text

aus dem Matthäus-Kapitel fünfunddreißig. Zuerst sollte Miles lesen, was er mit seiner männlicher werdenden Stimme tat:

> *»Denn ich bin hungrig gewesen, und ihr habt mir zu essen gegeben. Ich bin durstig gewesen, und ihr habt mir zu trinken gegeben. Ich bin ein Fremder gewesen, und ihr habt mich aufgenommen. Ich bin nackt gewesen, und ihr habt mich gekleidet. Ich bin krank gewesen, und ihr habt mich besucht. Ich bin im Gefängnis gewesen, und ihr seid zu mir gekommen ...«*

»Wovon spricht er denn da?«, unterbrach Sara. Sie wusste, dass sie zu viele Fragen stellte, aber wie konnte sie sonst verstehen, was da stand?

»Wenn der Herr Jesus in seiner Herrlichkeit zurückkehrt, wird er das zu denen sagen, die das Himmelreich erben. Er spricht zu dir und mir.«

»Aber ... wir haben diese Dinge niemals für Jesus getan. Wie könnten wir denn das?« Sara war bestürzt. Die Bibel war wirklich schwer zu verstehen!

»Ah. Aber lies doch mal das.« Tyndale deutete auf einen Vers. So fuhr Sara fort, wo Miles aufgehört hatte.

»Was ihr getan habt einem von diesen meinen geringsten Brüdern, das habt ihr mir getan.«

»Siehst du?«, fragte Meister Tyndale. »Wenn wir den Hungrigen zu essen geben und die armen Seelen im Gefängnis besuchen, dann ist das genau so, als würden wir das für Jesus selbst tun.«

Miles meinte nachdenklich: »Dann ist es also nicht genug, Gottes Wort zu kennen, sondern wir müssen auch *tun*, was es sagt.«

Meister Tyndale lächelte breit. »Ganz genau.« Er ging zum Fenster hinüber und blickte über die Dächer Antwerpens. »Es gibt viele arme Seelen, die die Liebe Gottes nötig haben«, meinte er in Gedanken. Dann ging er zurück zu Sara und Miles. »Ich habe eine Idee. Wie würde es euch gefallen, wenn ihr als Teil eures Unterrichts am nächsten Samstag mit mir kämt?«

»Wohin denn?« Sara fühlte eine merkwürdige Spannung.

»Na, ihr werdet schon sehen.« Er klatschte in die Hände. »Nun, das reicht für heute. Wir wenden uns jetzt der Geografie zu. Wir haben eine vollkommen neue Weltkarte, seit Christoph Kolumbus 1492 Amerika entdeckt hat – ich bin übrigens im selben Jahr geboren, deshalb kann ich mir das so gut merken...«

✽ ✽ ✽ ✽ ✽

Sara vermutete, dass Papa erst die Einwände ihrer Mutter gegen den »Ausflug« mit Meister Tyndale am Samstag überwinden musste. Aber das war ihr egal. Sie war einfach froh, dass sie mit Miles und Meister Tyndale durch die engen Straßen von Antwerpen gehen konnte. Sie war eingehüllt in einen dicken Mantel, der sie vor der kühlen Aprilluft schützte. Belgiens feuchter Winter war noch nicht vorüber.

»Wir gehen in Richtung Fluss, nicht wahr, Meister Tyndale?«, fragte sie nach einigen Biegungen.

Er schmunzelte. »Du hast recht, Sara.«

Sie kamen wirklich zur Schelde, einem Fluss im Norden von Antwerpen, wo der größte und geschäftigste Hafen in Belgien war. Der Hafen war nur etwa achtzig Kilometer von dem Ort entfernt, wo die Schelde ins offene Meer mündete. An der südlichen Seite der Flussmündung lag der Ärmelkanal; im Norden war die Nordsee.

Das Trio bog in eine enge Straße ein, die am Hafen entlangführte. Der Anblick der großen dreimastigen Schiffe, die an ihren Tauen hin und her schaukelten, verschlug Sara jedes Mal den Atem. Die Schiffe ihres Vaters – die *Rote Königin* und die *Schwarze Prinzessin* – waren unterwegs nach Spanien, Italien und Nordafrika, und sie würden voll beladen mit Oliven, Mandeln, Käse, Trauben und gebrochenem Marmor zurückkehren.

Ein großer Engländer mit einem roten Umhang wollte ihnen zuwinken, aber Meister Tyndale schritt, ohne sich umzusehen, weiter und erreichte das Labyrinth von dicht gedrängten Häusern und engen Gassen am anderen Ende. Als sie an einem Bäckerladen vorbeikamen, kaufte er vier Laibe Brot und gab sie Miles und Sara zum Tragen.

Zwei der Laibe wurden einer jungen Frau gegeben, die aus der Tür einer schäbigen Wohnung trat. Drei kleine Kinder hingen an ihren Rockzipfeln. »Oh, dankeschön, Meister Tyndale. Mein Harry is' auf See, und ich weiß nich', wann er zurückkommt. 's wird ganz schön knapp, wenn er nich' da is'.«

Sara glaubte zu sehen, dass der Mann mit dem roten Umhang ihnen folgte. Aber ihre Aufmerksamkeit wurde von Meister Tyndale in Anspruch genommen, der das dritte Brot einem ungepflegten Mann gab, der schwankend in einem Torbogen lehnte und nach Alkohol roch.

»Gehen Sie nach Hause, guter Mann«, sagte Tyndale bestimmt. »Geben Sie das Brot Ihrer Frau. Das macht vielleicht Ihre schwachen Entschuldigungen wieder gut, die Sie gebrauchen, wenn Sie Ihrer Frau sagen müssen, was Sie mit dem Geld gemacht haben.«

Ein Stückchen weiter stieg Meister Tyndale eine kurze Treppe hinunter und klopfte an eine schmutzige Tür. Obwohl er keine Antwort bekam, schob er den Riegel zurück und öffnete die Tür. Als Saras Augen sich an die Dunkelheit gewöhnt hatten, sah sie eine alte Frau, die in ihrem Bett

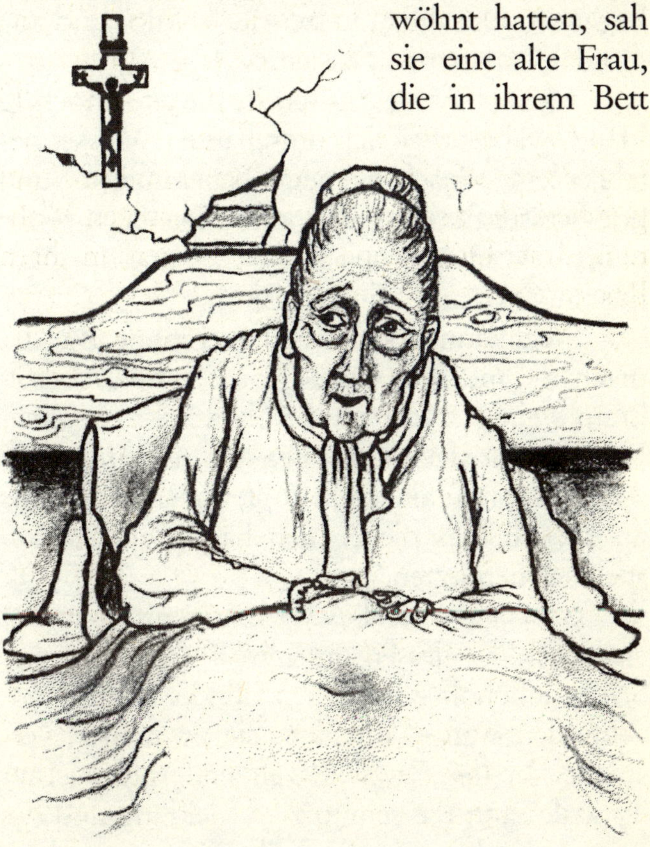

in einer Ecke zusammengekauert war. Sofort wich Saras Aufregung.

»Frau Gilly«, sprach Tyndale die Frau auf Holländisch an. »Sie haben Besuch heute.« Er blickte sich nach einer Kerze um, entzündete sie an den fast erloschenen Kohlen im Ofen, und schon machte ein sanftes Leuchten den Raum behaglicher. Die alte Frau lächelte wortlos und zog Tyndale am Ärmel zu sich.

Meister Tyndale tätschelte die alte knochige Hand, während er sich umschaute. »Miles«, befahl er leise, »mach' ein neues Feuer im Ofen und hol' Wasser für ein Bad und für Tee. Sara, schau mal, ob du ein bisschen aufwischen und das Zimmer in Ordnung bringen kannst.«

»Ich kann doch kein Feuer ohne Zunder machen«, murmelte Miles vor sich hin. Aber er kramte einige Holz- und Kohlestücke aus einer Ecke hervor, fachte das Feuer neu an und verschwand dann mit einem Topf, um ein Regenfass zu suchen, das die Armen häufig als Wasserspeicher benutzten.

Sara fand einen Besen – besser gesagt, es war ein Stock, an dessen unterem Ende etwas altes Stroh unbeholfen zu einem Bündel zusammengebunden war –, mit dem sie zu kehren versuchte. In der Zwischenzeit entfernte Meister Tyndale sanft die schmutzige Kleidung und das

Bettzeug der Frau. Er rollte die übel riechenden Kleidungsstücke zu einem Bündel zusammen, verschwand und war innerhalb von zehn Minuten mit einem frischen Bündel zurück.

»So, hier, Frau Gilly«, meinte er fröhlich, als er die alte Frau auf die Seite rollte und das frische Laken auflegte. »Frau Leerdon hat die Wäsche besorgt, genau wie sie versprochen hat.«

Aber bestimmt nicht umsonst, da wette ich, dachte Sara bei sich.

Miles kehrte mit dem Wasser zurück und hängte den Topf über das Feuer. Wenige Minuten später wusch Tyndale mit dem lauwarmen Wasser den dürren Körper der alten Frau. Miles sah diskret weg, aber Sara half, die schlaffe Haut abzutrocknen.

Bald war die alte Frau mit einem frischen Gewand bekleidet, saß im Bett aufgerichtet und trank Tee und aß von dem weichen Brot, so gut es ging, mit den wenigen Zähnen, die sie noch hatte. Während sie aß, zog Tyndale ein Testament aus seiner Tasche und las ihr vor, wobei er alles spontan ins Holländische übersetzte. Tränen glitzerten in den Augen von Frau Gilly, und das Lächeln wich nicht von ihrem Gesicht.

»Nun, meine Freunde«, meinte Tyndale, »wir müssen gehen. Aber wir kommen wieder, Frau Gilly.« Spontan gab Sara der alten Frau eine schnelle Umarmung. Miles stocherte das Feuer so weit herunter, dass es gute Kohle geben würde. Dann schlossen sie die Tür hinter sich.

Sara zog ihren Umhang wieder fester an sich, als sie die wenigen Stufen zu der engen Gasse hinaufstiegen. Sie dachte immer noch an Frau Gilly, und so bemerkte sie den Fremden erst, als er aus dem Schatten auf sie zutrat und sie ansprach.

»Meister Tyndale, habe ich recht?«

Meister Tyndale blieb abrupt stehen, so dass Sara beinahe mit ihm zusammengestoßen wäre. Tyndale drehte sich halb zur Seite und hielt Sara und Miles mit seinen Armen hinter sich. Aber sie lugte unter seinem Arm hervor und erkannte den gut angezogenen Engländer in dem roten Umhang. Er lächelte, doch ein Angstschauer ließ sie unter ihrem dicken Mantel erzittern.

Der Fremde

»Mein Name ist Henry Phillips«, sagte der Mann und hob grüßend seinen Hut. Er war glatt rasiert und sah gut aus. »Ich bin Student an der Universität. Ich habe schon oft von Ihrer erstaunlichen Arbeit gehört und wollte Sie schon immer einmal kennen lernen.«

»Wirklich?«, fragte Tyndale vorsichtig. »Was wollen Sie?«

»Ich wollte Sie einfach treffen und mit Ihnen reden. Ich bin schon lange enttäuscht von der katholischen Kirche mit ihren Zwistigkeiten und ihren sinnlosen Ritualen. Aber bevor ich von Ihren Bemühungen gehört hatte, die Heilige Schrift für das einfache Volk zu übersetzen, dachte ich, es

gebe niemanden, mit dem ich über den dringenden Bedarf einer Reform reden könnte.«

Der Mann ging nun neben Tyndale her, und Miles und Sara folgten ihnen dicht auf dem Fuße, wobei sie sich vielsagende Blicke zuwarfen. Sie konnten nur Gesprächsfetzen verstehen. Der Mann, der sich Henry Phillips nannte, war der, der am meisten redete.

»... war Student in Oxford – ja, wo Sie auch studiert haben ... unglücklicherweise hatte ich Streit mit meinem Vater ... Sie haben von Richard Phillips gehört? Ja, er war Parlamentsmitglied ... ich wollte hier in Belgien Jurisprudenz studieren ... ich hörte davon, dass Sie sich in Antwerpen aufhalten ... ich bin fasziniert von dem deutschen Reformator Martin Luther und seiner Idee von der Erlösung durch den Glauben allein und ich würde gerne diskutieren ...«

Die kleine Gruppe war wieder am Fluss und ging in Richtung Stadt, als Tyndale stehenblieb.

»Mein lieber Herr«, sagte er zu dem Mann in dem roten Umhang, »ich bin zu Gast bei jemand anderem. Ich würde Sie zum Abendessen einladen, aber ich kann die Gastfreundschaft meines Gastgebers nicht ausnutzen. Vielleicht können wir uns ein andermal treffen.«

»Aber sehr gerne«, erwiderte Henry Phillips freundlich. »Sie können mich im Gasthaus ›Zum

Wilden Eber‹ finden. Dort halte ich mich auf, wenn ich nicht an der Universität bin.« Er grüßte die beiden jungen Leute, indem er an seinen schönen Samthut tippte, und ging schnell davon.

»Meister Tyndale!«, sagte Miles. »Ich habe schon gedacht, Sie würden mit diesem Herrn Phillips zur Herberge der englischen Kaufleute gehen und so Ihr Versteck verraten!«

William Tyndale war nachdenklich. »Vielleicht ist es so, wie er sagt – er hat Interesse an meiner Arbeit.«

»Aber niemand hat ihn vorgestellt; wir haben nur sein eigenes Wort!«

»Ich mag ihn nicht«, fuhr es Sara heraus.

»Und warum nicht?«, fragte Tyndale.

»Ich weiß nicht. Er ist uns gefolgt. Ich habe ihn schon vorhin gesehen.«

✽ ✽ ✽ ✽ ✽

Am Abendbrottisch sprachen alle durcheinander. Sara erzählte ihrer Mutter von Frau Gilly und fragte sie, ob sie ihr das nächste Mal einen Korb mit Kuchen und Pudding bringen dürfe. Miles erzählte von der Begegnung mit dem Mann im roten Umhang. William Tyndale berichtete, dass Miles und Sara ihm die Besuche bei den Armen leichter gemacht hätten, und die jungen

Leute hätten ein Lächeln auf das Gesicht der alten Gilly gezaubert.

»Eine gute Lehrstunde für praktiziertes Christentum!«, erklärte Herr Poyntz. Dann zupfte er sich nachdenklich den Bart. »Aber ich bin nicht sicher, ob man diesem Henry Phillips vertrauen kann, William.«

Tyndale nickte geduldig. »Wir können ihm weder vertrauen noch ihm misstrauen, bis wir ihn kennen lernen. Wenn er Gottes Wahrheit sucht, wie kann ich ihm da den Rücken zukehren?«

»Jaaa, aber ...«

»Und hast du nicht selbst gesagt, lieber Thomas, dass die Heilige Schrift in unserer Sprache nicht nur die Augen der Bauern, sondern auch der adligen Bevölkerung öffnen wird?«

»Schon, aber ...«

»Am besten schaust du ihn dir selbst einmal an. Erlaubst du mir, ihn zum Essen einzuladen? Dann können wir alles gemeinsam bereden.«

Am nächsten Samstag war Miles damit beschäftigt, Herrn Poyntz dabei zu helfen, ein Verzeichnis der neuen Schiffsladung für die *Schwarze Prinzessin* aufzustellen. Die *Rote Königin* war noch auf hoher See. Aber Sara begleitete Meister Tyndale wieder bei seinem Besuch in den Slums der Hafengegend, diesmal mit einem Korb voller Süßigkeiten aus der Speisekammer der Poyntz für Frau Gilly. Sie brachte ihr auch Seife mit, die nach Rosen duftete, ein frisches Handtuch und neue Kerzen. Die alte Frau freute sich, Sara wiederzusehen. Nur mit Mühe flüsterte sie krächzend: »Sara.«

Auf dem Heimweg ging Tyndale am Gasthaus ›Zum Wilden Eber‹ vorbei und hinterließ eine Nachricht für Henry Phillips mit der Einladung, am folgenden Mittwoch mit ihnen zu speisen, wenn er in der Stadt war.

Phillips erschien auch tatsächlich in der Herberge der englischen Kaufleute am Mittwoch pünktlich um fünf Uhr. Er brachte eine erlesene belgische Spitze für die Dame des Hauses mit. Frau Poyntz war ein wenig verlegen, doch sie nahm das Geschenk gerne an und führte Herrn Phillips ins Wohnzimmer. Sara hielt sich in der Nähe auf, aber ihr wurde schnell langweilig bei der Unterhaltung, und sie war froh, als ein Dienstbote das Abendessen ankündigte.

Die Unterhaltung am Tisch war lebhaft. Phillips zeigte ein reges Interesse am Kaufmannsgewerbe, so dass Thomas Poyntz ausführlich von seinen Abenteuern berichten konnte. »Wir planen auch eine Reise zu den Westindischen Inseln – ein ganz neuer Handelsmarkt, den wir dem spanischen Abenteurer Christoph Kolumbus verdanken.«

»Ich habe gehört, dass Sie einen Markt für – hm – viele neue Dinge entdeckt haben, die wir Engländer brauchen«, meinte Phillips.

Sara verschluckte sich fast an ihrem Stück Fleisch. Meinte er damit etwa die Neuen Testamente, die ihr Vater immer noch ins Land schmuggelte?

Aber Thomas Poyntz schmunzelte bloß. »Oh ja. Wir Engländer scheinen alles haben zu wollen, was neu ist.«

Phillips unterrichtete sie auch über den neuesten Klatsch aus London und vom Königshof. »Und der König hat wieder ein Kind – wieder ein Mädchen. Man hat sie Elisabeth genannt.«

Saras Herz setzte einen Moment lang aus. Anne Boleyn hatte eine kleine Tochter bekommen? Wie war sie denn, diese kleine Prinzessin? Hatte sie auch Annes dunkles volles Haar und das freche Lächeln?

Nach dem Abendessen zeigte Tyndale Henry Phillips seine Übersetzung des Alten Testaments. Phillips bewunderte mehrere Bücher in Tyndales kleiner Bibliothek. Das Gespräch ging wieder zu den Reformen Luthers in Deutschland über ... Sara musste gähnen und ging widerwillig ins Bett.

Tyndale schien das Gespräch über Theologie mit dem jungen Phillips zu gefallen. Der Jurastudent kam noch mehrmals zum Abendessen und lernte auch einige der Kaufleute kennen, die in der Herberge übernachteten, und bezog sie auch schnell in das Gespräch über dringende Reformen in England mit ein.

Jeder schien Henry Phillips zu mögen – nur Sara nicht. »Er ist einfach zu freundlich«, beklagte sie sich bei Miles eines Abends nach dem Essen. Sie saßen auf der Treppe, während die Erwachsenen im Wohnzimmer am Kamin ihre Debatten fortsetzten. Obwohl der frostige April in den wärmeren Mai übergegangen war, brauchte man abends immer noch ein Feuer. »Er spricht mit allen – nur nicht mit uns.«

»Ach, so sind Universitätsstudenten nun mal«, erklärte Miles. »Sie halten sich für so wichtig mit all ihrer Gelehrtheit. Kümmer' dich nicht um ihn.«

Damit ging Miles zur Köchin, um zu sehen, ob sie etwas Gutes für ihn übrig gelassen hatte, aber Sara blieb mit ihren düsteren Gedanken auf der Treppe sitzen. Sie saß immer noch dort, als die doppelte Eichentür zum Wohnzimmer aufgemacht wurde und ihr Vater mit Henry Phillips in den Flur trat.

»Nochmals vielen Dank, Herr Poyntz, für den netten Abend.« Phillips warf seinen Umhang über die Schulter und setzte seinen Samthut auf. Dann senkte er die Stimme. »Sie wissen ja, dass ein Preis auf Tyndales Kopf ausgesetzt ist.«

»Ja, das weiß ich.«

»Ein Mann, der Geld schätzt, ist vielleicht versucht, ihn zu verraten.«

»Aber Gottes Urteil würde auf seiner Seele lasten!«, erwiderte Herr Poyntz. »Danke, Henry, für diese Warnung, aber wir sind uns alle der Gefahr bewusst. Wir werden uns um Williams Sicherheit kümmern.«

Phillips räusperte sich. »Schön! Da bin ich sehr froh! Ich kann also ganz beruhigt sein. Also nochmals ... gute Nacht.«

Die Tür schloss sich hinter ihm, und wieder

war Sara allein im Schatten der Treppe. Wollte Henry Phillips ihren Vater etwa warnen? Oder wollte er testen, ob er bereit wäre, Meister Tyndale zu verraten?

✽✽✽✽✽

Henry Phillips war schon mehrere Tage nicht mehr gekommen, was Sara nicht bedauerte. Sie lernte unermüdlich die lateinischen Verben und prägte sich die Zehn Gebote ein. Zufrieden mit ihrem Fortschritt, suchte sie ihren Vater, der einige Tage zu Hause verbrachte, bevor er auf eine längere Geschäftsreise in den Süden des Landes ging. Sie fand ihn auf den Stufen des Vordaches sitzen, wo er die Nachmittagssonne genoss.

»Papa! Soll ich dir mal die Zehn Gebote aufsagen?«, fragte sie ihren Vater und setzte sich neben ihn.

»Was? Und meinen Mittagsschlaf stören?«, zog er sie auf. »Na gut, wollen wir mal hören.«

»Papa, hör gut zu und schlaf nicht ein. *Ich bin der Herr, dein Gott ... du sollst keine anderen Götter haben neben mir. Du sollst dir kein Bildnis machen ...*«

Sie war bei dem neunten Gebot: »*Du sollst nicht falsch Zeugnis reden wider deinen Nächsten*«, als ein Schatten über Vater und Tochter fiel.

»Entschuldigen Sie bitte«, sagte ein junger Mann, der mit dem Rücken zur Sonne vor ihnen stand. »Ich wollte Sie nicht erschrecken. Ich bin Henry Phillips' Diener, und er hat mich geschickt, zu fragen, ob William Tyndale heute oder morgen zu Hause ist, denn er würde gerne mit ihm zusammen Mittag essen.«

Herr Poyntz stand auf. »Ja, ich glaube, er ist hier. Aber ich hoffe, dein Herr kommt heute, sonst werde ich ihn nicht mehr sehen. Ich fahre morgen geschäftlich nach Südbelgien und werde mehrere Wochen wegbleiben.«

»Ich werde es ihm ausrichten!«, erwiderte der Diener. »Ich bin sicher, er kommt, so schnell er kann.«

Aber Henry Phillips kam an diesem Tag nicht mehr, und am nächsten Morgen brachen Thomas Poyntz und Miles nach Barrows auf. Erst am darauf folgenden Tag öffnete Sara auf ein Klopfen hin die Tür und fand Henry Phillips vor.

»Guten Tag, Miss Sara! Ist Meister Tyndale zu Hause? Ich würde gern seine große Freundlichkeit damit begleichen, dass ich mit ihm im Gasthaus zu Mittag esse.«

Sara ließ ihn draußen vor der Tür stehen und rannte hinauf zu Tyndales Zimmer. Als sie mit Meister Tyndale dicht auf den Fersen herunterkam, lud ihre Mutter Herrn Phillips gerade zum Mittagessen ein.

»Ich schätze Ihre Einladung, liebe Frau«, meinte Phillips mit einem warmen Lächeln. »Aber ich habe beschlossen, dass Ihr Gast heute auf meine Kosten speist – obwohl Ihr Essen zweifellos besser ist als das im ›Wilden Eber‹! Ah, Meister Tyndale! Sie unterbrechen Ihre Arbeit für einen guten Freund. Wie steht es damit – darf ich Sie zum Mittagessen einladen? Ich werde heute nicht lange in der Stadt sein, aber ich habe verschiedene Angelegenheiten, die ich gerne mit Ihnen besprechen würde.«

»Nun ... das ist sehr nett von Ihnen«, erwiderte Tyndale. »Frau Poyntz? Würde es Ihnen etwas ausmachen, wenn ich heute beim Essen fehle?«

Frau Poyntz schüttelte den Kopf und lächelte freundlich. Dann ging sie wieder zu den Dienstboten, um ihnen die nötigen Anweisungen zu geben. Phillips und Tyndale verabschiedeten sich und verschwanden gerade in der ersten engen Gasse, als Sara zu einem Entschluss kam.

Sie würde ihnen folgen.

Der Hinterhalt

Obwohl die Gassen von Antwerpen so eng waren und die dicht aneinandergedrängten Gebäude oft keinen Sonnenschein durchließen, brauchte Sara keinen Umhang. Jetzt, Ende Mai, war das Wetter mild, und zur Mittagszeit schien die Sonne auf das Kopfsteinpflaster und erwärmte es.

Sara war sich nicht sicher, welchen Weg die beiden Männer genommen hatten, aber sie erinnerte sich daran, dass Phillips etwas von einem Essen im Gasthaus ›Zum Wilden Eber‹ gesagt hatte. Sie lief schnell in Richtung Fluss den bekannten Weg, den sie mit Meister Tyndale immer ging, wenn sie Frau Gilly besuchten.

Als sie in die erste Straße bog, die zum Gasthaus führte, wurde sie belohnt; Phillips und Tyndale waren direkt vor ihr. Es gab hier kein Versteck für sie; sie konnte ihnen nur dann unentdeckt folgen, wenn sich die beiden nicht umdrehten.

Sara gelang es, die beiden Männer im Blick zu behalten, als sie erst in diese Straße, dann in jene einbogen. An einigen Stellen waren die engen Straßen nur noch dunkle Gassen. Phillips und Tyndale bogen in eine solche Gasse ein, die so eng war, dass sie nicht nebeneinander gehen konnten. Sara sah, wie Meister Tyndale höflich Phillips Platz machte, aber der junge Mann bestand darauf, dass Tyndale vorangehen sollte.

Als Sara diese Gasse erreicht hatte, dauerte es ein Weilchen, bis sich ihre Augen an die schwarzen Schatten gewöhnt hatten. Vor ihr konnte sie die beiden Männer sehen,

die gerade an das andere Ende der Gasse gelangten, wo sie wieder in eine breitere Straße mündete. Plötzlich hörte sie Tyndale rufen: »Phillips! Laufen Sie! Man will uns schnappen!«

Sara gefror das Blut in ihren Adern. Was sollte das bedeuten? Sie hörte ein Ächzen und das Scharren von Füßen. Ihr Herz schlug wie wild, und sie drückte sich mit dem Rücken gegen die Mauer. Sie erwartete fast, Phillips käme in ihre Richtung gelaufen, doch sein großer Schatten stand nur als Silhouette in der Gasse. Dann hörte sie ihn sagen: »Das ist euer Mann. Bringt ihn ins Gefängnis nach Vilvoorde!«

Ins Gefängnis? Das Wort allein jagte Sara einen kalten Schauer über den Rücken. In ihrem Kopf überschlugen sich die Gedanken. Tyndale war gefangen genommen worden ... und Phillips hatte ihn verraten!

Dann hörte sie Phillips wieder sprechen: »Offizier, nehmen Sie zwei Ihrer Männer und gehen Sie in die Herberge der englischen Kaufleute. Holen Sie Tyndales Bücher und Papiere!«

Sara wartete nicht mehr lange. Sie flitzte die Gasse entlang bis zur nächsten Straße. Ihre Füße flogen nur so über das Kopfsteinpflaster dahin. Nun in diese Straße, dann diese Gasse entlang. Würde sie es schaffen? Sie musste als erste nach Hause gelangen!

Sie huschte um die letzte Ecke, die zur Herberge führte, als der stechende Schmerz in ihrer Seite unerträglich wurde. Aber sie konnte jetzt nicht stehen bleiben. Sie rannte durch die Tür die Treppe hinauf. Noch ein Treppenabsatz. Und hier war Tyndales kleines Zimmer.

Sie stürmte durch die Tür und blickte wild umher. Wo war nur das Öltuch-Paket? Da, neben dem Tisch. Sie schnappte das Buch, in dem die ganze harte Übersetzungsarbeit von Tyndale steckte. Auf dem Tisch lagen noch mehr Papiere, aber sie hatte keine Zeit! Vom Regal holte sie ein Exemplar des Neuen Testaments in Englisch ... aber wo waren die anderen fünf Bücher des Alten Testaments? Ihr Herz schlug so laut, dass sie meinte, Fußtritte auf der Treppe zu hören. Da – auf dem Tischchen neben dem Bett. Sie ergriff alles, und, die Bücher und das Paket an ihre Brust gepresst, flog sie die Treppen hinunter, rannte durch den Flur zu ihrem Zimmer und schlug die Tür hinter sich zu.

Sie hatte kaum Zeit nachzudenken, und dennoch schien alles wie in Zeitlupe zu geschehen. Sie schlug die Bettdecke zurück und legte das Paket und die Bücher nebeneinander, deckte die Bettdecke darüber und strich sie glatt. Zuletzt warf sie sich selbst auf das Bett.

Von unten hörte sie Klopfen an der Tür

und den erstaunten Ausruf ihrer Mutter. Schwere Schritte rannten die Stufen hinauf. Sie hörte Schreie und zersplitternde Möbel. Sara presste die Augen zusammen: *Oh Gott. Oh, Papa.* Dann hörte sie die Stimme ihrer Mutter, die protestierte: »Was machen Sie da? Was soll das?«

Die schweren Stiefel klapperten wieder die Treppe hinunter. Dann schlug die Tür zu, und man hörte nur noch das Schluchzen ihrer Mutter.

Sara stand auf und öffnete vorsichtig die Tür. Ihre Mutter saß auf der Treppe und weinte, und die erschreckten Dienstboten kamen heraus in den Flur, um sie zu trösten. »Oh Sara!«, rief Frau Poyntz. »Du bist hier! Ich – ich weiß nicht, was passiert ist. Diese Soldaten gingen direkt zu Meister Tyndales Zimmer und haben all seine Papiere und seine Bücher mitgenommen. Er – er ist mit Herrn Phillips ausgegangen, und dein Vater ist nicht da, und …« Ihre Schultern zuckten wieder vor Schluchzen.

Sara musste nun selbst gegen Tränen ankämpfen. Sie ging zu ihrer Mutter und setzte sich neben sie. Sie fühlte, wie ihre Mutter die Arme um sie schlang. Sie musste zweimal schlucken, um den Kloß in ihrem Hals zu beseitigen, bis sie endlich sagen konnte: »Meister Tyndale ist gefangen genommen worden. Man hat ihn ins Gefängnis gebracht. Es war Henry Phillips. Phillips hat ihn verraten!«

Frau Poyntz blickte ihre Tochter völlig entsetzt an. »Herr Phillips hat Meister Tyndale verraten?«

Sara nickte, nahm dann die Hand ihrer Mutter und führte sie zu ihrem Zimmer. »Siehst du?« Damit schlug sie die Bettdecke zurück, und da lagen das in Öltuch gewickelte Paket und zwei gebundene Bücher.

✽✽✽✽✽

Thomas Poyntz und sein Cousin Miles kehrten so schnell wie möglich zurück, nachdem sie die dringende Nachricht von Frau Poyntz erhalten hatten. Als er das durchsuchte Zimmer sah, war Herr Poyntz außer sich. »Ich hätte nie weggehen sollen! Wenn ich diesen Henry Phillips jemals in die Hände kriege... Tyndale hätte diesen Verrückten niemals in unser Haus bringen sollen! Er ist viel zu vertrauensselig.«

Miles saß verstört auf der kleinen Bank in Tyndales Zimmer und sah zu, wie Herr Poyntz auf und ab wanderte. »Wie können es die Behörden wagen, Hand an diesen Mann zu legen!« Saras Vater konnte sich gar nicht beruhigen.

»Welches Recht hatten sie dazu? Für wen arbeitet dieser Phillips?«

Frau Poyntz versuchte ihren Mann zu besänftigen. »Komm, Thomas, setzen wir uns und denken darüber nach, was jetzt zu tun ist.« Die kleine Familie versammelte sich unten im Wohnzimmer. »Komm, Sara«, meinte ihr Vater, »erzähl' mir ganz genau, was passiert ist.« Und Sara erzählte ihrem Vater und Miles nochmals die Geschichte, wie sie Meister Tyndale und Phillips gefolgt war, als sie zum Mittagessen gehen wollten. Sie erzählte von den dunklen Gassen und Tyndales Schrei und Phillips Befehl, ihn ins Gefängnis von Vilvoorde bringen zu lassen. Dann erzählte sie von ihrer Flucht zurück nach Hause, um die Papiere Tyndales und die gedruckten Testamente zu retten.

Miles blickte sie bewundernd an. »Das hast du großartig gemacht, Sara«, meinte er.

»Ich hatte ganz schön Angst!«

»Natürlich.« Herr Poyntz nahm ihre Hand. »Jeder hätte Angst gehabt. Das Wichtige ist, dass du gehandelt hast, als jede Sekunde zählte. Ich bin stolz auf dich.«

Aber Sara war noch nicht beruhigt. »Ich habe aber nicht die Papiere auf dem Tisch genommen. Ich weiß nicht, wie viel Arbeit verloren gegangen ist.« Ihr Vater nickte nachdenklich.

»Vielleicht war das gut so. So denken die Soldaten, sie hätten zumindest etwas bekommen. Vielleicht wissen sie gar nicht, wie viel sie *nicht* bekommen haben!«

Herr Poyntz schwieg einige Minuten und rieb sich den Bart. »Ich muss mit allen englischen Kaufleuten in den Niederlanden Kontakt aufnehmen und Protestbriefe an die Regierung schreiben. Das ist ein ungeheuerlicher Verstoß gegen die traditionellen Privilegien, die wir als Kaufleute in einem gastfreundlichen Land genießen. Und ich muss William Tyndale in Vilvoorde sehen …« Sein Gesicht verdunkelte sich. »Was für ein ekelhaftes, schreckliches Verlies das ist! Wie konnten sie solch einen sanften Mann in so einen Käfig stecken?«

✽ ✽ ✽ ✽ ✽

Wochen vergingen. Thomas Poyntz schrieb einen Bittbrief nach dem anderen. Er ritt die vierzig Kilometer nach Vilvoorde, es wurde ihm aber nicht erlaubt, William Tyndale zu sehen. Enttäuscht, aber entschlossen stattete er allen Beamten einen Besuch ab, von denen er dachte, dass sie Einfluss auf die Freilassung Tyndales haben könnten. Er wurde immer abgewiesen. Der Kaiser der Niederlande, zu denen damals auch Belgien gehörte, war gegen jedermann, der sich für die Reformation einsetzte. Nachdem Englands König Heinrich VIII. sich selbst zum Oberhaupt der Kirche erklärt hatte, um seine Scheidung rechtmäßig zu machen, versuchte nun zu zeigen, dass er immer noch ein guter Katholik war. Also waren die Feinde der Kirche auch seine Feinde.

Auf den Mai folgte der Juni, aber Familie Poyntz merkte davon kaum etwas. In der Sorge, Tyndales unvollendete Übersetzung des Alten Testaments könne vielleicht niemals veröffentlicht werden, nahm Thomas Poyntz das Buchpaket, das Sara gerettet hatte, und verschwand für einige Tage. Als er zurückkehrte, hatte er das Paket nicht mehr, und alles, was er darüber verlauten ließ, war, dass er es Freunden in Gewahrsam gegeben hätte.

»Je weniger ihr wisst, desto besser«, hatte er gesagt.

»Ich mache mir Sorgen um deinen Vater«, meinte Miles zu Sara, als sie zusammen auf der Bank in Tyndales Zimmer saßen, was sie jetzt oft taten. »Er lässt das ganze Geschäft außer Acht und kümmert sich nur noch um Tyndales Freilassung.«

»Ich weiß.« Nichts, was ihr Vater unternahm, schien zu glücken. Selbst Humphrey Monmouth, der wohlbeleibte Kaufmann und Thomas Poyntz' engster Freund und Verbündeter, konnte ihn nicht aufheitern. Erst letzte Nacht hatte sie sie im Wohnzimmer sprechen hören.

»Wenn Tyndale hingerichtet wird, ist das ein schwerer Verlust für die Verbreitung der Bibel«, sagte ihr Vater zu Humphrey. »Seine Gelehrsamkeit und sein guter Name sind ohnegleichen! Der König hatte nie einen treueren Untertanen, außer in der einen Sache – Tyndale glaubt, dass die Bibel in der Volkssprache geschrieben sein muss.«

»Ich gebe dir recht, lieber Thomas«, hatte Humphrey gesagt. »Aber du handelst ohne alle Vernunft. Du kannst nicht das ganze britische Empire einfach so kleinkriegen. Du musst dich auch um deine Geschäfte kümmern. Du hast eine Frau und ein Kind, an die du denken musst.«

Ihr Vater seufzte. »Du hast recht, Humphrey. Aber es muss doch *irgendetwas* geben, was wir tun können – irgendetwas, auf das ich bis jetzt noch nicht gekommen bin. Wenn König Heinrich nur ein Exemplar der englischen Bibel hätte! Er würde dann vielleicht einsehen, dass es keine ›Ketzerei‹ ist, sondern dem Volk zugute kommen würde. Dann würde die Anklage gegen Tyndale vielleicht fallen gelassen.«

Als Sara nun mit Miles auf der Bank saß, nahm eine Idee in ihrem Kopf Gestalt an. Als sie ihrem Cousin diese Idee mitteilte, blickte er sie an, als sei sie verrückt geworden. »Du bist nicht mehr ganz bei Trost, Sara! Nur ein Dummkopf würde so etwas wagen!« Als er ihren verletzten Blick wahrnahm, wurde er versöhnlicher. »Es ist nur ... es wäre sehr gefährlich, Sara.«

»Aber ich möchte sowieso mit Papa reden. Kommst du mit?«

Miles seufzte. »Wenn du darauf bestehst. Aber ich denke immer noch, dass es eine verrückte Idee ist.«

Sara ging in ihr Zimmer und öffnete die Holztruhe, wo sie ihre Schätze aufbewahrte. Sie nahm den Brief von Königin Anne und Tyndales Neues Testament auf Englisch heraus. Mit Miles hinter ihr suchte sie ihren Vater auf, der an seinem Schreibtisch über seinen Rechnungen saß. Ihre Mutter saß am Fenster und nähte.

Sara räusperte sich. »Papa, ich möchte dir etwas sagen.«

Sie legte den Brief und das Neue Testament auf den Schreibtisch.

»Was bedeutet das, Sara?« Thomas Poyntz warf einen Blick auf den Brief.

»Du weißt, dass wir Anne Boleyns Einladung abgelehnt haben.«

»Ich weiß, Papa. Aber hör mir zu. Du hast alles versucht, damit Meister Tyndale entlassen wird. Letzte Nacht hast du Humphrey Monmouth gesagt, wenn König Heinrich eine Bibel auf Englisch lesen könnte, dann würde er schon selbst sehen, dass nichts Ketzerisches daran ist.«

Sara holte tief Luft. »Wenn ich Königin Annes Einladung annehme, ihre Hofdame zu werden, könnte ich ihr dieses Neue Testament geben. *Sie* würde es sicherlich dem König zeigen.«

Frau Poyntz war neben ihren Ehemann getreten. Auf ihrem Gesicht war eine unbestimmte Furcht zu sehen.

»Nein!«, protestierte Herr Poyntz. »Ich kann das nicht zulassen, Sara. Es ist viel zu gefährlich.«

Frau Poyntz legte eine Hand auf den Arm ihres Mannes. Als sie sprach, klang ihre Stimme sehr seltsam, wie von weit her. »Thomas, Sara hat recht. Es ist die einzige Möglichkeit.«

Der Sturm

Thomas Poyntz und seine Frau sprachen zwei Tage lang über Saras Vorschlag. Es ging hin und her. Schließlich kamen sie zu der Entscheidung: Sara durfte gehen. Als ihre Eltern ihr diesen Entschluss mitteilten, wusste sie nicht, ob sie die Gänsehaut aus Furcht oder vor lauter Aufregung bekam.

Ein Brief wurde durch Boten an den Whitehall Palast in London geschickt. Eine Woche verging, zwei Wochen ... Aber in der dritten Woche erhielten sie einen Brief von Königin Anne. Sara konnte sofort kommen.

Aber es gab so viele Dinge zu arrangieren. Wer sollte mit Sara gehen? Frau Poyntz vertrug keine Seereisen. Thomas war von den anderen Kaufleuten gewarnt worden; sie rieten ihm, sich nach seinem häufigen Einsatz für Tyndale bei den Behörden ruhig zu verhalten. Es wurde schließlich beschlossen, dass Miles Sara begleiten und mit ihr zum Palast gehen sollte. Thomas Poyntz informierte seinen Kapitän, dass die beiden jungen Leute auf die nächste geplante Reise der *Roten Königin* gehen sollten, die mit ihrer Ladung Oliven, Weizen und belgischer Spitze nach England auslaufen sollte.

Frau Poyntz engagierte eine Schneiderin, und sie und die Frau nähten tagelang neue Unterröcke für Sara, eine Reiseausstattung und zwei neue Kleider. Das Reisekleid war dunkelgrün und sehr einfach gehalten. Die beiden anderen Kleider hatten den tiefen viereckigen Ausschnitt, den englische Damen zu dieser Zeit trugen, sowie einen von oben nach unten vorne geschlitzten Rock, so dass man die prächtigen Stickereien des Unterrocks sehen konnte. Bei einem Kleid waren die Ärmel nach der damaligen Mode geschlitzt, so dass man die Puffärmel durchsah, die in verschiedenen Abständen mit Bändern entlang des Armes versehen waren. Bei dem anderen Kleid waren die Ärmel lang und weit und mit Stickereien auf dem weiten Aufschlag verziert.

Ein neuer Umhang und mehrere neue Hauben einschließlich eines modischen spitzen Kopfschmuckes ergänzten Saras neue Garderobe. Als sie die neuen Kleider anprobierte, pfiff Miles bewundernd. »Königin Anne wird nicht mehr erkennen, dass du dasselbe Mädchen bist, das ihr in den Fluss nachgesprungen ist!«

Miles und Sara nahmen Frau Poyntz auf

einen Besuch zu Frau Gilly mit. Eine Träne lief der alten Dame über die Wange, als sie hörte, dass Sara weggehen würde. »Ich werde mich um Frau Gilly kümmern«, meinte Saras Mutter, als sie nach Hause kamen. »Auf diese Weise kann ich wenigstens Meister Tyndales Arbeit fortsetzen.«

»Oh, danke, Mama!« Sara schlang ihrer Mutter die Arme um den Hals. Sie wusste, dass ihrer Mutter dieses Versprechen nicht leicht fiel, zumal sich Frau Poyntz in Antwerpen und in der Herberge der englischen Kaufleute nicht besonders wohl fühlte.

Eine letzte Sache musste noch getan werden. Frau Poyntz nähte eine Tasche für die Innenseite von Saras Unterrock, wo das füllige Kleid an der Hüfte das Neue Testament verstecken sollte, das Sara an den Hof von König Heinrich schmuggeln wollte.

✽ ✽ ✽ ✽ ✽

Der Tag der Reise war grau und wolkenverhangen. Es war Hochsommer, aber das Klima Belgiens war mild und feucht. Es war gerade Flut, und die *Rote Königin* lag tief im Wasser, als der letzte Rest der Waren in ihrem Bauch verstaut wurde. Poyntz hatte entschieden, dass auf dieser Fahrt keine anderen Neuen Testamente geschmuggelt werden sollten; wenn jemand das Schiff durchsuchte, würde er nichts finden und Sara und Miles vermutlich in Ruhe lassen.

Frachtschiffe hatten nur wenige Kabinen – es gab nur Kabinen für den Kapitän und einen oder zwei Passagiere. Herr Poyntz brachte Saras Koffer und ihre Reisetasche unter Deck zu der Kabine, die für Passagiere reserviert war; Miles sollte bei der Mannschaft schlafen.

Frau Poyntz setzte einen Korb mit Lebensmitteln auf den kleinen Tisch, der sich in der Kabine befand. »Die Mannschaft kann meinetwegen das Essen vom Schiff essen, aber es ist nicht sehr appetitlich«, flüsterte sie Sara ins Ohr, als sie ihr eine letzte Umarmung gab.

»Die Flut geht zurück, Onkel Thomas«, stellte Miles fest, der in der Kabinentür erschien. »Der Kapitän sagt, alle Besucher müssen an Land gehen.« Auf Deck gab Herr Poyntz Miles letzte Anweisungen darüber, wie die Ladung im Hafen verteilt werden sollte. »Arbeite in jeder Hinsicht mit den Behörden zusammen. Wir wollen nicht unnötige Aufmerksamkeit auf uns lenken. Aber deine Hauptverantwortung wird es sein, Sara sicher zum Palast zu bringen und sie in die Obhut von Königin Anne zu geben. Hier ist Annes Brief mit der Empfehlung.«

Nur zu schnell hatte man sich verabschiedet, und jetzt standen Saras Eltern unten am Hafen. Die Seile waren schon hochgezogen, und als die kleinen Segel am Bug und oben am Fockmast gesetzt waren, bewegte sich das Schiff mit der Flut aus der Schelde. Sara war auf dem Weg, eine Hofdame der Königin von England zu werden, und es gab kein Zurück mehr.

✽ ✽ ✽ ✽ ✽

Der Wind war leicht, und die *Rote Königin* trieb langsam auf dem Kanal hinaus aufs Meer. Bei einer Geschwindigkeit von fünf Knoten pro Stunde brauchten sie für die achtzig Kilometer bis zur Flussmündung fast den ganzen Tag. Der verhangene Himmel wurde langsam dunkel, und die Küste rückte immer weiter in die Ferne, als der Fluss sich mit der Nordsee vermischte.

Sara und Miles standen am Heck und sahen zu, wie die Niederlande langsam hinter ihnen verschwanden. Alle Segel an den drei kleinen Masten waren gesetzt und vom Wind aufgebläht. Sara zitterte und zog ihren warmen Umhang enger um sich, als das Schiff sich in den Wind drehte. Ihr Haar war von der schäumenden Gischt ganz feucht und drängte sich unter ihrer Kappe hervor.

Miles stützte die Hände auf die Reling. »Das ist eine verrückte Idee, Sara«, meinte er zu ihr und blinzelte mit den Augen gegen den Wind und die Gischt. »Aber ich kann den Gedanken nicht ertragen, dass Meister Tyndale in diesem Verlies sitzt – oder noch Schlimmeres mit ihm passiert ist. Ich kann nur hoffen, dass deine verrückte Idee funktioniert.«

Sara hatte selbst Zweifel an dem Unternehmen. Anfangs schien es ihr wie ein Abenteuer, aber als das Land im Nebel und in der Dunkelheit verschwand, wäre sie am liebsten zu Hause bei ihren Eltern am Kamin gewesen.

Die Wellen schlugen höher und höher, und Miles und Sara mussten sich an der Reling festhalten, um nicht das Gleichgewicht zu verlieren. Plötzlich wurden sie von einer Stimme aufgeschreckt. »Miss Sara!« Ein Seemann trat an ihre Seite. »Es kommt Sturm auf. Der Kapitän sagt, Sie sollen unter Deck gehen.«

Miles half Sara die Stufen hinunter zum unteren Deck und ging dann wieder nach oben, um zu sehen, ob er dabei helfen konnte, das vom Wind hin- und hergetriebene Schiff in den Griff zu bekommen. Die Laterne in Saras Kabine schaukelte an ihrem Haken, und Sara fragte sich, ob sie die Kerze ausblasen sollte, aber das kleine Licht wirkte beruhigend auf sie. Sie entschloss sich, ihr Nachthemd nicht anzuziehen, sondern sich einfach auf das Bett zu legen. Sie konnte den harten Einband des Neuen Testamentes in ihrer Kleidung fühlen und wand sich so lange hin und her, bis sie nicht direkt auf ihm lag.

Es war ein langer Tag gewesen, und das Ächzen des Schiffes und das Heulen des Windes wiegten sie in den Schlaf.

✽ ✽ ✽ ✽ ✽

Das Nächste, woran sie sich erinnern konnte, war, dass sie durch die Luft gewirbelt wurde. Ihr

Kopf stieß gegen etwas Hartes, und es dauerte ein oder zwei Minuten, bevor sie merkte, dass sie aus ihrer Koje gefallen und dass ihr Kopf an ein Tischbein gestoßen war. Die Kabine war ganz dunkel, weil die Kerze ausgegangen war. Das Schiff schleuderte wild hin und her, erst nach rechts, dann nach links, als ob es mit der Breitseite gegen den Wind stand. Sie glaubte, von irgendwo Schreie zu hören, aber sie wurden von dem starken Heulen des Windes und dem Krachen des Schiffes erstickt.

Sara zog sich am Tischbein hoch und legte sich wieder auf ihr Bett. Aber jetzt konnte sie nicht mehr schlafen. Sie musste sich festhalten, um nicht wieder auf den Boden geworfen zu werden. Was war denn eigentlich los? War mit Miles alles in Ordnung?

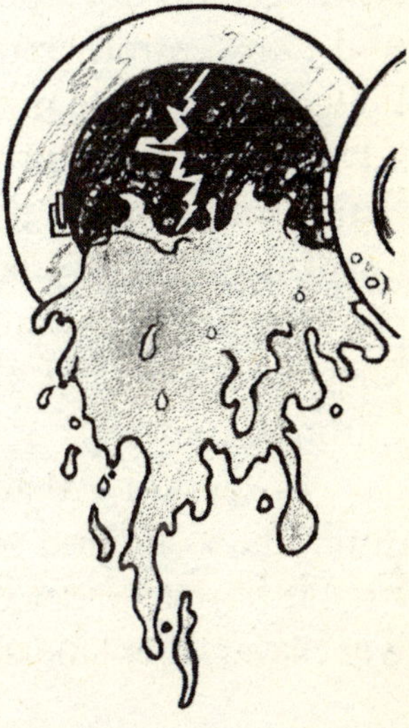

Plötzlich brach das kleine Bullauge auf, und ein Wasserstrom ergoss sich in die Kabine. Sara versuchte, das Fenster wieder zuzudrücken, aber es rutschte ihr immer wieder aus der Hand, und immer kam neues Wasser herein. Und dann drehte sich die *Rote Königin* plötzlich um, wobei die eine Seite des Schiffes, auf der sich Sara befand, in die Luft gehoben wurde. Sara schlug das Bullauge zu und zog den Riegel in Sekundenschnelle vor, bevor das Schiff wieder in der richtigen Position war.

Sara war völlig durchnässt, ebenso ihr Bettzeug. Indem sie sich mit einer Hand am Tisch festhielt, öffnete sie die Kabinentür und schaute in den Gang hinaus. Es war niemand zu sehen. Sie machte sich selbst Mut und ging vorsichtig zu den Stufen, die auf das Deck hinaufführten. Langsam kroch sie zur Luke nach oben.

Als Sara den Kopf durch die Luke steckte, blieb ihr fast das Herz stehen. Eine riesige Welle brach gerade über den Bug des Schiffes herein und schwemmte einen Seemann von seinen Füßen. Sie musste mit hilflosem Grauen mit ansehen, wie der Mann an die Reling des Schiffes prallte und dann in die schäumende Dunkelheit hinausgetragen wurde. Sie formte mit ihren Lippen den Schrei: »Mann über Bord!«, doch eine Welle kam auf die Luke zu, schäumte durch die Öffnung und warf sie zurück auf die Stufen.

In diesem Augenblick torkelte eine Figur durch die Luke und wäre beinahe über sie gefallen. Sie konnte in der Dunkelheit nicht erkennen, wer es war, aber eine unbekannte Stimme fluchte.

Dann zischte die Stimme: »Zurück in deine Kabine, Mädchen! Los!«

»Aber ein Mann ...«, begann sie, als sie von starken Händen ergriffen und in ihre Kabine zurückgeschubst wurde. »Ein Mann ist gerade über Bord gegangen!«, rief sie. Aber der Seemann murmelte bloß: »Passagiere! Auf einem Frachtschiff ist kein Platz für Passagiere!« Und damit zog er die Tür der Kabine zu. Sara hörte ein Klicken, als der Schlüssel umgedreht wurde.

Sara warf sich gegen die Tür. Sie war eingesperrt! *Was ... was, wenn Miles über Bord gespült worden war?* Sie hämmerte mit Leibeskräften gegen die Tür. »Lasst mich raus! Lasst mich raus!« Aber der Seemann war gegangen. Voller Furcht setzte sich Sara auf ihr Bett. Zitternd zog sie die Knie an und klammerte sich an einem Balken fest. Zweimal kehrte sie zur Tür zurück und hämmerte dagegen, aber sie blieb eingesperrt. Schließlich legte sie den Kopf auf ihre Knie und begann zu weinen. Und so saß sie die ganze schreckliche Nacht hindurch da. Manchmal überwältigte sie der Schlaf, doch sie wurde immer wieder durch das Auf und Ab des Schiffes jäh aus dem Schlummer gerissen.

Da wurde sie wachgerüttelt. »Sara? Sara, ist alles in Ordnung?« Sie schlug die Augen auf und blickte in Miles Gesicht.

»Oh, Miles!«, rief sie und fiel ihm um den Hals. »Ich hatte solche Angst, dass du ... ich hab' gesehen, wie ein Mann über Bord ging!«

»Ich weiß«, antwortete Miles nüchtern. »Ein Neuer ... er war nicht beim Appell, als der Kapitän nach dem Sturm die Mannschaft zählte.«

»Der Sturm ist also vorbei?« Sara löste sich aus der Umarmung und streckte ihre verkrampften Beine. Dann merkte sie, dass Sonnenstrahlen durch das kleine Bullauge hereinfielen.

Miles lachte kläglich. »Ja, kurz vor der Morgendämmerung hat er aufgehört. Aber du siehst auch ziemlich mitgenommen aus.«

Jetzt, wo sie wusste, dass der Sturm vorüber und Miles in Sicherheit war, merkte Sara, dass sie völlig ausgehungert war. Sie holte Mamas Lebensmittelkorb hervor. Das Brot war aufgeweicht, aber der Käse und das gesalzene Fleisch waren noch gut. Während die beiden auf dem Boden der kleinen Kabine saßen und gierig aßen, erzählte Miles, was in der Nacht vorgefallen war. Eins der Hauptsegel hing zerschlissen und nutzlos herunter, aber die *Rote Königin* hatte den Sturm gut überstanden, und keine Ladung musste über Bord geworfen werden.

»Aber ein Mann ist gestorben«, meinte Sara langsam. »Die arme Familie.« Sie erinnerte sich an Meister Tyndale, als er der Mutter mit ihren drei kleinen Kindern Brot gebracht hatte, die auf ihren Vater warteten, der draußen auf See war.

»Was ist mit dem Neuen Testament?«, fragte Miles. »Hast du es noch?« Das Testament! Sara zog ihren Rock hoch, bis sie das Buch fand, das in ihr Unterkleid eingenäht war. Sie zog es hervor. Es war ein wenig feucht, aber ansonsten in Ordnung. »Oh!«, meinte sie schwach. »Ich wickele es jetzt am besten in Öltuch ein, damit es trocken bleibt.«

»Für den Fall, dass du über Bord gehst, stimmt's?«, grinste Miles.

Die Sonne schien warm, und ein frischer Wind blies den ganzen Tag über, so dass die *Rote Königin* trotz des kaputten Segels gut vorankam. Sie waren nur um fünf Stunden verspätet, als sie gegen Nachmittag in die Mündung der Themse einfuhren. Saras Kleider waren inzwischen trocken, und sie hatte sich, so gut sie konnte, gereinigt. Sie stand jetzt an Deck und beobachtete alle anderen Schiffe, die wie ein Wald aus hohen Masten aussahen. Als sie sich London näherten, konnte sie die Türme der St.-Pauls-Kathedrale sehen, die in den Himmel hineinragten.

Die *Rote Königin* lief endlich in den Hafen in der Nähe der Londonbrücke im Herzen der Stadt ein. Eine Zeitlang herrschte auf dem Schiff emsige Geschäftigkeit. Die Seile wurden geworfen und vertäut. Dann ertönte eine Stimme im Durcheinander: »Ahoi, Rote Königin!« Sara sah mehrere Soldaten am Dock stehen, die hinaufriefen.

»Niemand verlässt das Schiff! Zugbrücke runter!«

»Oh-oh!«, murmelte Miles in Saras Ohr.

»Die Leute des Königs. Sie suchen nach Schmuggelware!«

Die Durchsuchung

Saras Mund wurde trocken. Plötzlich kam ihr das kleine Buch in ihrem Unterrock bleischwer vor. Was würde passieren, wenn man das Neue Testament fand, das sie nach England schmuggeln wollte?

Die Soldaten kamen an Bord und trieben die Mannschaft und die Passagiere auf Deck. Dann postierten sie oben einige Wachen, während die anderen nach unten stiegen.

»Was soll das bedeuten?«, wollte der Schiffskapitän wissen. »Wir sind ein zugelassenes englisches Frachtschiff!«

»Wer ist der Besitzer?«, fuhr ihn einer der Soldaten auf Deck an. Er schien der Verantwortliche zu sein.

»Thomas Poyntz aus Antwerpen in Belgien«, meldete sich Miles zu Wort. »Ich bin Miles Walsh, sein Assistent.«

Der Soldat grinste. »Bist noch ein bisschen jung, oder? Und wer ist das?« Er zeigte mit dem Daumen auf Sara.

»Das ist Sara Poyntz, die Tochter von Herrn Poyntz.«

»Hmmm.« Der Mann schaute Sara und Miles durchdringend an.

»Ich möchte endlich wissen, was das alles bedeutet!«, wiederholte der Kapitän.

Der Soldat wandte sich ungeduldig zu dem Kapitän um. »Wir haben aus zuverlässiger

Quelle gehört, dass auf diesem Schiff ketzerische Bücher geschmuggelt werden!«

»Das ist ja aberwitzig!«, erwiderte der Kapitän. »Ich verlange – «

»Sie werden gar nichts verlangen! Wir werden selbst untersuchen, ob Ihre ›Fracht‹ Ihrer Ladeliste entspricht.« Sara und Miles wechselten vielsagende Blicke. Aus zuverlässiger Quelle? Hatte Henry Phillips auch ihren Vater verraten?

In diesem Moment kamen die anderen Männer wieder auf Deck. »Wir haben nicht das Geringste gefunden«, sagte einer.

»Dann löscht die Ladung! Wir werden die Fracht am Hafen untersuchen.«

Sara sah, dass Miles etwas entgegnen wollte. Der ursprüngliche Plan war gewesen, eine Kutsche zu mieten und sie zum Palast zu bringen und dann zur *Roten Königin* zurückzukehren, um da das Ausladen der Fracht zu überwachen.

Aber stattdessen antwortete Miles: »Natürlich. Wir tun alles, um Ihnen zu helfen. Sie werden bald merken, dass es sich da um einen Irrtum handelt.«

Die Soldaten ignorierten ihn. »Sie, Kapitän, nehmen Walsh und diese junge Lady vom Schiff und warten am Hafen. Wache, lassen Sie sie nicht aus den Augen.«

»Aber was ist mit Miss Saras Gepäck, Sir?«,

protestierte der Kapitän. »Es ist immer noch in ihrer Kabine!«

»Niemand geht nach unten! Wir werden uns um das Gepäck kümmern.«

Der Kapitän, Miles und Sara standen an Deck und sahen zu, wie die Fracht gelöscht wurde. Die Soldaten wählten bestimmte Kisten, Fässer und Bündel aus, die sie öffnen ließen und deren Inhalt sie nach geschmuggelten Büchern untersuchten.

»Das wird die ganze Nacht dauern«, murmelte Miles.

Sara sah der Suche zu und fühlte die Angst in ihrem Bauch aufsteigen. Wenn sie die Bücher nicht in der Ladung fanden, würden sie dann auch untersucht werden? In diesem Moment brachten ihr die wachhabenden Soldaten ihre Taschen. Sie konnte sehen, dass der gesamte Inhalt ausgeschüttet und dann wieder hineingestopft worden war. Sie musste blinzeln, um die aufsteigenden Tränen zurückzudrängen.

»Sir!«, meinte Miles plötzlich. »Ich bitte um Entschuldigung. Miss Poyntz muss auf Bitte von Königin Anne zum Palast gebracht werden. Die Königin wird sehr böse sein, wenn diese unnötige Suche ihre Ankunft hinauszögert.«

Der Mann zögerte. »Sehr wahrscheinlich!«, brummte er.

Miles zog Anne Boleyns Brief aus der Tasche. »Hier, bitte schön!«

Sara hielt den Atem an, als der Soldat stirnrunzelnd den Brief las, während die Dämmerung hereinbrach. Plötzlich gab er Miles den Brief zurück.

»Sie kann gehen.«

»Ich muss Sie bitten, mit ihr gehen zu dürfen«, sagte Miles.

»Nein! Oh – na gut. Aber Sie müssen sofort zurückkommen. Die Ladung der *Roten Königin* ist so lange beschlagnahmt, bis wir sie löschen.«

»Selbstverständlich«, murmelte Miles, nahm Saras Taschen und schob Sara zu den Mietkutschen.

Erst als sie in der Kutsche saßen und in Richtung Whitehall Palast unterwegs waren, erholte sich Sara ein wenig. Und dann begann sie zu lachen. »Oh, Miles! Du warst fantastisch!« »Daran hätte ich mal eher denken sollen!«, entgegnete er.

»Ich muss ja einen herrlichen Anblick bieten!«, stöhnte Sara. »Und all meine Sachen sind völlig durcheinander.«

Die Kutsche fuhr ziemlich schnell und wand sich durch die engen Straßen, die sich am Ufer der Themse im Westen der Stadt entlangschlängelten. Es war ganz dunkel über der Stadt, als der

Kutscher schließlich seine Pferde anhielt und ausrief: »Whitehall Palast!«

Miles bat den Kutscher zu warten und näherte sich den Wachen am Tor. Sara reckte ihren Hals und blickte fasziniert auf das herrliche Gebäude, das einst dem Erzbischof von York gehört hatte, dann dem Kardinal. Der Kardinal war jedoch beim König in Ungnade gefallen, und der König hatte den Palast für seinen eigenen Gebrauch beschlagnahmt.

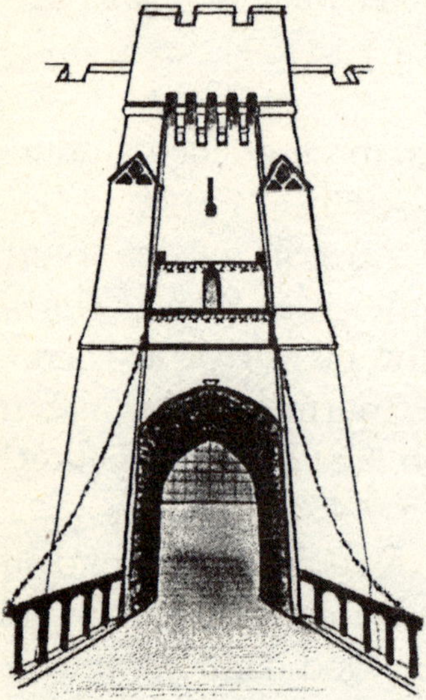

»Sara? Komm!«

Erschreckt merkte Sara, dass die Wache das Tor geöffnet hatte und sie durch die riesigen geschnitzten Tore führte. Sara und Miles mussten den Brief an zwei verschiedenen Toren den Wachen zeigen, bevor sie im Innenhof standen und ein Diener zur Königin ging.

Nach ungefähr fünfzehn Minuten kehrte der Diener zurück und deutete Sara und Miles an, ihm zu folgen. Sie kamen wiederum an zwei Türstehern vorbei, bis sie sich im Innenhof befanden. Nach einer kurzen Weile rauschte eine stämmige Dame ins Zimmer. »Ich bin Frau Stoner und verantwortlich für die unverheirateten Hofdamen«, begann die Dame. »Die Königin erwartet dich, Sara. Wir danken Ihnen, Herr Walsh, dass Sie Ihre Cousine bis hierher begleitet haben.«

Miles war es unbehaglich.

»Ist schon in Ordnung«, sagte Sara und lächelte ihn mit größerer Zuversicht an, als sie verspürte. Sie legte eine Hand auf seinen Arm. »Gott sei mit dir.«

»Und mit dir«, erwiderte Miles. Seine Stimme klang angespannt. Er machte vor Frau Stoner eine Verbeugung und wandte sich zum Gehen. Doch er drehte sich noch einmal um und zog Sara beiseite. »Sara, sobald ich mich um alles beim Ausladen gekümmert habe, besuche ich meine Eltern in Little Sodbury Manor. Wenn du mich in den nächsten Wochen sprechen musst, schicke mir eine Nachricht. Ich werde versuchen, dich wiederzusehen, bevor ich nach Antwerpen zurückgehe.« Dann folgte er den Dienstboten, und die Türen schlossen sich hinter ihm.

»Komm, Sara«, forderte sie Frau Stoner auf. »Königin Anne erwartet dich schon.«

Frau Stoner führte sie eine gewundene Treppe hinauf, durch verschiedene Zimmerfluchten und eine weitere Treppe hinauf. Ein Dienstbote trug ihr Gepäck hinterher. An den Fenstern hingen prächtige Stores; der Boden war mit Marmor in herrlichen Mustern verziert. Nach den ersten Biegungen schon wusste Sara, dass sie nie mehr den Weg allein zurückfinden würde. Sie hatte noch nie ein so großes Haus gesehen.

Und dann hielt Frau Stoner vor einer gewölbten Tür an und klopfte. Eine Kammerzofe öffnete, und Frau Stoner und Sara traten ein. Anne Boleyn saß auf einem Sofa in einem weißen Kleid; ihr langes dichtes Haar hing offen um ihre Schultern und wurde gerade von einer jungen Frau gebürstet.

»Sara! Liebe Sara!«, rief Anne aus und kam ihr mit ausgestreckten Armen entgegen.

Plötzlich fühlte sich Sara sehr merkwürdig. Im Zimmer war es sehr heiß, und in ihrem Kopf schien sich alles zu drehen. Überall waren helle Kerzen, und doch war alles dämmerig. Die Wände schienen auf sie einzustürzen, und der Boden kam ihr entgegen. Dann wurde alles dunkel um sie.

Die Hofdame

Sara öffnete die Augen. Ängstliche Gesichter starrten sie an. Wo war sie bloß? Was war denn passiert?

Dann hörte sie eine vertraute Stimme: »Sara? Geht es dir gut? Bist du krank?«

Sara setzte sich auf und schüttelte den Kopf, um diesen Nebel im Kopf loszuwerden. Nun erinnerte sie sich. Sie war im Whitehall Palast und … oh, nein! Sie musste in Ohnmacht gefallen sein.

Mehrere Händepaare streckten sich ihr entgegen und halfen ihr auf einen Stuhl. Sara lächelte schwach. »Mir geht es wirklich gut. Bitte verzeihen Sie mir. Ich habe … schon lange nichts mehr gegessen, und es war eine lange Reise.«

Plötzlich wurde ihr klar, dass sie sich in Gegenwart der Königin von England befand – und dass sie sich nicht einmal vor ihr verbeugt hatte! Sie wollte aufspringen, als Königin Anne eine feste Hand auf ihre Schulter legte. »Ist schon in Ordnung, Sara!« Die Königin lächelte amüsiert. »Du bist der erste Mensch, der mir zu Füßen gefallen ist!« Und sie lachte auf diese bezaubernde Weise, an die Sara sich noch so gut erinnerte. Frau Stoner schmunzelte und sogar die Kammerzofen lächelten.

Anne geleitete Sara persönlich zu einem kleinen Zimmer am Ende des Flurs. »Wir können morgen weitersprechen«, sagte sie zu Sara und hielt ihren Arm um Saras Taille gefasst. »Aber jetzt brauchst du erst einmal Schlaf!« Ein warmes Abendessen wurde ihr gebracht, Saras Kleider ausgeschüttelt und in eine schöne hohe Garderobe gehängt. Eine Kammerzofe brachte warmes Wasser zum Waschen, und dann kroch sie in das große weiche Himmelbett mit den Vorhängen. Als sie ihre Augen schloss, fiel ihr ein, dass ihre Reise nun zu Ende war... aber das Abenteuer hatte gerade erst begonnen.

✽ ✽ ✽ ✽ ✽

Am nächsten Morgen schickte Königin Anne nach Sara, und sie konnten sich in ihrem Privatgarten hinter dem Palast ungestört unterhalten. Mehrere Hofdamen folgten ihnen in diskretem Abstand. Sara erzählte Anne von dem Sturm auf hoher See, von ihrer Sorge, dass Miles über Bord gespült worden sei und von den Soldaten, die das

Schiff in London nach »ketzerischen« Büchern durchsuchten.

»Aber warum das denn?« Königin Anne runzelte die Stirn. Sara zögerte. Sie wusste, dass Anne ihre Freundin war, aber sie wusste nicht, ob sie es wagen sollte, zu verraten, dass ihr Vater Tyndales Neue Testamente nach England geschmuggelt hatte – zumindest wollte sie es jetzt noch nicht verraten. Aber Anne schien auch keine Antwort zu erwarten. »Nun! Ich kann gut verstehen, dass eine junge Lady nach einer ereignisreichen Nacht auf See und den Soldaten, die ihr ganzes Gepäck durchsucht haben, in Ohnmacht fällt. Es tut mir so leid, Sara Poyntz! Ich hatte ja keine Ahnung – «

Da wurden die beiden von einer Gruppe Hofdamen und Bediensteten unterbrochen. Eine von ihnen brachte ein kleines Kind von etwa zwei Jahren. Als das Kind Anne erblickte, streckte es die Arme aus und krähte: »Mami!« Königin Anne hob das Kind in die Höhe und sagte: »Sara, das ist Prinzessin Elisabeth!«

Sara hatte fast vergessen, dass Anne und König Heinrich ein Kind hatten! Im nächsten Moment entwand sich das Kind Annes Armen und sagte: »Gehen!« Elisabeth grabschte nach Saras Fingern, als sie den Gartenweg hinunterwackelte. Die Kindermädchen und die Hofdamen gingen direkt hinter ihr her. Sara lachte; sie hatte sich oft noch mehr Geschwister gewünscht.

»Ich hoffe, du bist nicht zu müde«, meinte Anne, als sie mit Prinzessin Elisabeth weitergingen. »Wir haben nämlich heute Abend einen Maskenball! König Heinrich veranstaltet gerne Partys und Bälle – und besonders gern Maskenbälle. Alle vom Palast werden erscheinen und natürlich viele Gäste. Keine Sorge, wir werden auch für dich etwas zum Anziehen finden.«

Die Kindermädchen brachten die Prinzessin nach einiger Zeit wieder weg, und den Rest des Tages verbrachten sie in der Vorbereitung für den Maskenball im Großen Salon.

In Annes Zimmer befand sich ein rot-goldenes Kleid mit einem spanischen Kamm und Schleier. Eine Kammerzofe half Sara beim Anziehen. »Sie sehen aus wie eine große spanische Dame!«, bewunderte die Kammerzofe die Erscheinung. »Aber Sie brauchen eine Maske; niemand darf wissen, wer Sie sind.«

Auch die Maske wirkte geheimnisvoll – eine glitzernd-rote Maske, die die obere Hälfte ihres Gesichtes verdeckte und die nach den Seiten hin kleine »Flügel« hatte. Sara gesellte sich zu den anderen Damen und Zofen im Innenhof, bevor sie zum Großen Salon gingen. Es gab einen »Hofnarren«, der am ganzen Körper Schellen trug

und eine Narrenkappe, eine japanische »Geisha« mit einem weißgepuderten Gesicht; sogar einen »Erzbischof« in seinem Ornat und einem hohen Hut. Auch die anderen Kostüme sahen sehr elegant aus. Man hielt die Masken mit einem Stab vor dem Gesicht.

Sara verschlug es den Atem, als Königin Anne als spanische Braut in einem weißen Kleid, weißer Maske und weißem Schleier wiedererschien. Es war Zeit, in den Salon hinüberzugehen. Es waren viele große Herren und Damen anwesend, die alle in seltsame und wunderbare Kostüme gekleidet waren. Sara war sehr nervös, aber sie fühlte sich durch die stämmige Frau Stoner an ihrer Seite etwas sicherer.

Die Kapelle spielte, aber niemand tanzte. Jeder schien auf irgendetwas zu warten. Dann gab es eine Bewegung an einer der großen Türen zum Salon. Ein Horn wurde geblasen, und ein großer, fülliger Mann stolzierte in den Raum, gefolgt von mehreren anderen Männern. Der dicke Mann trug grüne Strumpfhosen, eine dunkelgrüne Tunika, ein braunes Wams und eine Maske mit schwarzen Augen und einer Fasanenfeder an seiner Kappe. Ein Köcher mit Pfeilen war um den Rücken gebunden, und er trug einen langen Bogen. Mehrere andere Männer waren auf ähnliche Weise gekleidet, außer einem, der einen Mönch darstellte.

Ein Flüstern ging durch den Raum, dann ein Klatschen. »Robin Hood und seine Männer!«, rief jemand, und es gab allgemeines Rufen und Gelächter. »Hurra dem König!«

Der König! Sara stellte sich auf die Zehenspitzen, um besser sehen zu können. Was für ein stattlicher Mann! Er hatte schlanke Beine, aber seine Schultern schienen so breit, als ob zwei Männer nebeneinander stünden. Er warf seinen Kopf zurück und lachte schallend. Er schlug einem seiner Herren auf den Rücken und rief: »Musik! Zum Tanz!«

Und schon war der ganze Saal ein einziges Rauschen und Schwingen, als Hunderte von Männern und Frauen tanzten. Sara hätte am liebsten überall Augen gehabt. Der König tanzte mit der Königin – das heißt Robin Hood mit der spanischen Braut –, und danach tanzten beide mit einem Dutzend anderer Leute. Zwei Männer verbeugten sich vor Frau Stoner und baten um einen Tanz mit Sara, aber die ältere Frau schüttelte nur den Kopf und stellte sich schützend an

Saras Seite. Sara fühlte sich fast erleichtert; heute Abend wollte sie nur zusehen.

Der Maskenball war noch in vollem Gange, als Frau Stoner Sara und einige der anderen jungen Hofdamen zurück in ihre Gemächer begleitete. Sara war so aufgeregt, dass sie dachte, sie würde nicht einschlafen können. Aber eine kleine Sorge nagte an ihr: Würde sie jemals dazu kommen, Anne das Neue Testament zu überreichen? Würde Anne es dem König zeigen?

✽ ✽ ✽ ✽ ✽

Eine Woche verging, dann die nächste. Sara hatte viel damit zu tun, das Hofleben genauestens kennen zu lernen. Sie bekam morgens Musikunterricht auf der Laute und Leseunterricht auf Französisch und Lateinisch am Nachmittag. Dann war Gebetszeit in der Kapelle, es gab Spaziergänge im Garten und Besuche bei Prinzessin Elisabeth und abends Partys, die meist zwei oder drei Stunden dauerten. Dazwischen wurden verschiedene Kleider für Sara maßgenommen. Doch außer am Abend des Maskenballs hatte sie den König seither nicht zu Gesicht bekommen.

Sara machte sich Sorgen. Meister Tyndale saß im Gefängnis; und ihre Familie rechnete damit, dass sie Königin Annes Unterstützung bekam.

Jeden Tag trug sie den Unterrock mit der Geheimtasche und dem kleinen Buch. Aber es waren immer so viele Menschen um Königin Anne; Leute, die sie anzogen, sie im Palast und im Garten begleiteten und sie während des Essens bedienten. Mehrmals pro Woche kam die Königin mit Männern und Frauen aus dem Adel und aus dem niederen Volk zusammen, um deren Bitten und Forderungen anzuhören. Alle wollten etwas von der Königin.

Weil Sara lesen und schreiben konnte, begann Anne damit, ihr Briefe zu diktieren, die dann mit dem Siegel der Königin versehen und von Boten weggebracht wurden. Am Ende einer solchen Diktierstunde fasste Sara endlich Mut. »Ihre Majestät, kann ich Sie einen Moment privat sprechen?«

Anne Boleyn zog die Augenbrauen in die Höhe. »Ja, natürlich, Sara. Wie wäre es heute Nachmittag bei einem Spaziergang im Garten?«

Bevor sie in den Garten ging, zog Sara das Neue Testament aus ihrem Unterrock hervor und steckte es in den weiten Ärmel ihres Kleides. Und wie sie gesagt hatte, bat Königin Anne ihre Hofdamen und Zofen, sich zurückzuziehen, und setzte sich mit Sara auf eine Steinbank im Garten. »Du wolltest mit mir sprechen, Sara?« Sara holte tief Luft. »Erinnern Sie sich an das Buch, das

John Frith Ihnen in Little Sodbury gegeben hat? William Tyndale hat es geschrieben.«

»Ja, natürlich. *Der Gehorsam des Christen.* Ein ausgezeichnetes Buch.«

»Haben Sie ... es dem König gezeigt?«

Königin Anne lachte ein wenig. »Oh ja, natürlich. Ihm gefiel Tyndales Attacke gegen den Klerus, der seine Privilegien missbraucht. Besonders gut fand er, dass Tyndale schrieb, dass der König sich nur vor Gott für seine Taten verantworten sollte und nicht vor dem Papst.«

Saras Herz klopfte schneller. »Dann billigt er also Tyndales Arbeit?« Königin Anne schüttelte den Kopf. »Hm, das kann man nicht sagen. Der König hat Tyndale nach England zurückgerufen, um sein Fürsprecher zu werden, aber Tyndale hat das abgelehnt. Es scheint, als ob Meister Tyndale nicht für den König, sondern nur für Gott sprechen will. Aber das hat den Stolz des Königs verletzt.«

Man konnte Stimmen am anderen Ende des Gartens hören. Sara hatte nicht mehr viel Zeit. »Ihre Majestät, Meister Tyndale wurde ins Gefängnis gesteckt – weil er die Heilige Schrift auf Englisch gedruckt hat!« Sie zog das kleine Buch aus dem Ärmel. »Ich habe Ihnen ein Geschenk mitgebracht, ein Exemplar des Neuen Testamentes, das Meister Tyndale übersetzt hat. Ich – ich dachte, Sie könnten es dem König zeigen. Wenn es dem König gefällt, dann wird vielleicht die Anklage gegen Meister Tyndale aufgehoben.«

Königin Anne schaute auf das Neue Testament, dann auf Sara. Ihre Augen waren vor Schreck geweitet. »Tyndale ist im Gefängnis wegen des Druckens von englischen Bibeln… Soldaten haben das Schiff deines Vaters nach illegalen Büchern untersucht… Bei Gott im Himmel, Sara – weißt du nicht, dass du dein Leben riskierst, wenn du mir dieses Buch gibst?«

Nun war es an Sara, zu erschrecken. Sie hatte gar nicht an *ihr* Leben gedacht; sie hatte nur Angst gehabt, das Buch könnte gefunden und ihr weggenommen werden. Aber sie hatte das Neue Testament vor Henry Phillips' Männern gerettet; sie hatte den Sturm überlebt und es an den Soldaten vorbeigeschmuggelt. Sie konnte jetzt nicht aufgeben.

»Werden Sie es tun?«, fragte sie wieder. »Werden Sie es lesen? Sie können dann sehen, dass Tyndale nichts Falsches gemacht hat. Sie sind die Einzige, die Einfluss auf den König hat!«

Die Kindermädchen kamen nun mit Prinzessin Elisabeth in Sicht. Königin Anne blickte auf. Ihr Gesicht war nachdenklich. »Steck es wieder ein, Sara. Aber heute Abend kannst du es mir bringen.«

Die Gicht des Königs

Sara brachte das Neue Testament noch an diesem Abend zu Königin Annes Gemächern. Als sie es in die Hände der Königin legte, fühlte sie auf einmal eine große Traurigkeit darüber, dass sie es nun weggab. In ihrem Kopf wirbelten die Erinnerungen durcheinander: Meister Tyndales Unterricht im Lesen, damit sie Jesu Worte selbst lesen konnte … die wilde Flucht vor den Soldaten in Antwerpen … das Verstecken von Tyndales Büchern in ihrem Zimmer … und das Gewicht des kleinen Buches in ihrem Unterrock.

»Danke schön, Sara.« Als Königin Anne die Tränen in Saras Augen glitzern sah, fügte sie sanft hinzu: »Das ist wirklich ein wunderbares Geschenk.«

Als sie abends in ihrem Bett lag, war Sara froh, dass sie mehrere Passagen aus dem Neuen Testament auswendig gelernt hatte und somit »Gottes Wort in ihrem Herzen bewahrte«, wie Meister Tyndale es ausgedrückt hatte.

»Vater unser«, wisperte sie in der Dunkelheit, »der du bist im Himmel, geheiligt werde dein Name ...«

Schon am nächsten Tag ließ Anne Sara zu sich holen. Die Königin schickte ihre Zofen ungeduldig weg. Als sie allein waren, rief sie aus: »Sara! Ich habe letzte Nacht sehr wenig geschlafen, weil ich dein Buch gelesen habe! Es ist wunderbar, das Wort Gottes selbst lesen zu können.«

Sara sah zu, wie Königin Anne mit gerunzelter Stirn im Zimmer auf und ab schritt. »Wenn ich daran denke, dass Meister Tyndale im Gefängnis schmachtet, weil er uns die Heilige Schrift in unserer eigenen Sprache gebracht hat ... Du hast Recht, Sara. Der König muss dieses Buch lesen! Es ist das größte Geschenk, das er seinem Volk machen kann.« Anne blieb nachdenklich an einem Fenster stehen.

Schließlich wandte sie sich zu Sara um. »Aber es wird nicht einfach werden. Der König hat viele Launen, und niemand weiß vorher, ob er großzügig und freundlich reagieren wird oder reizbar und unvernünftig. Manchmal hängt es nur davon ab, ob sein Gichtfuß ihm Schmerzen bereitet oder nicht!« Die Königin stieß einen Seufzer aus. »Wir sind erst zweieinhalb Jahre verheiratet, und doch ist der König nicht ganz glücklich mit mir. Weißt du, er hat sich einen Sohn, einen Thronerben gewünscht ...«

Sara wusste nicht, ob sie etwas sagen sollte oder nicht. So hörte sie weiter zu, wie die Königin ihre Gedanken aussprach. »Er kommt heute von der Jagd zurück ... Er ist oft sehr müde, aber auch zufrieden nach einer Jagd. Ich werde für ihn eine kleine Abendgesellschaft als Willkommen arrangieren. Es ist fast unmöglich, ihn allein zu sprechen – er hat immer seine Kammerherren um sich. Aber ich werde es versuchen.«

Sara sah Königin Anne am Nachmittag nicht mehr, aber Frau Stoner überbrachte ihr die Nachricht, dass sie heute mit der Königin speisen sollte. Saras Herz machte einen Sprung. Bedeutete das etwa, dass sie auch mit dem König speisen sollte?

Frau Stoner brachte Sara eines der neuen Kleider, die für Sara genäht worden waren – es war aus rosa Samt mit langen, weiten Ärmeln – und half ihr beim Anziehen. Sara musste einen Knicks üben und sich eine Tirade über die Hofetikette anhören: Man darf den König nicht berühren, niemals sprechen, bevor man angesprochen wird usw. Sara sollte eine der anderen Hofdamen genau beobachten und ihr alles nachmachen. Saras Haar wurde zurückgekämmt und auf dem Kopf festgesteckt; dann wurde ihr ein spitzer Kopfschmuck aufgesetzt, der ihr Gesicht umrahmte.

Frau Stoner brachte Sara in Annes Privatgemächer, und dann wurden die Königin, Sara und drei andere Damen durch die vielen breiten Flure und eine gewundene Treppe zu den Räumen des Königs begleitet. Die kleine Gesellschaft machte vor einer gewölbten Tür Halt.

König Heinrich war auf einem großen Stuhl ausgestreckt, wobei ein Fuß auf einem Schemel ruhte. Er nippte an einem Weinkelch, und mehrere Gentlemen umringten ihn.

Königin Anne schritt auf ihren Ehemann zu und verbeugte sich vor ihm. »Mein Herr, ich bin froh zu sehen, dass du glücklich nach Hause zurückgekehrt bist.«

»Hmmm«, brummte der König. Aber er nahm Annes Hand und drückte sie an seine Lippen. »Du bist wie immer bezaubernd, liebe Frau – und deine Hofdamen sind charmant.« Als er sich leicht schwankend von seinem Stuhl erhob, sah es aus, als würde eine Flutwelle ansteigen. »Kommt, kommt«, winkte er ungeduldig, »wir wollen essen.«

Der König saß am Kopfende des Tisches mit Königin Anne zu seiner Rechten; die Ladys und Hofdamen saßen an der rechten Seite der Königin, die Gentlemen zur Linken des Königs.

Sara verspürte auf einmal großes Heimweh. Was machte sie eigentlich hier? Wie gern würde sie jetzt mit ihren Eltern und mit Miles am Abendbrottisch sitzen!

Einige dampfende Schüsseln wurden gereicht, und Sara fühlte sich überwältigt von so viel Essen. Sie aß nur winzige Häppchen, weil sie nicht wusste, wie viele Gänge serviert werden würden. Nach dem zwölften Gang hörte sie auf zu zählen.

Das Gespräch drehte sich um die Jagd. Heinrich hatte einen kleinen Eber erlegt – er war nicht größer als ein Ferkel –, aber die kleinen Frischlinge waren zu schnell gewesen. »Die Biester leben frei auf meinem Grund und Boden«, brummte er halb scherzhaft. »Sie sollten wenigstens den Anstand haben, so lange stehen zu bleiben, bis mein Pfeil das Ziel getroffen hat!« Die Gentlemen lachten. »Aber, Ihre Majestät«, meinte einer, »wenn ein Tier nicht fliehen würde, würden Sie wahrscheinlich sagen, es war zu faul und daher nicht wert, gegessen zu werden.«

Der König gluckste vor Lachen. »Sicher, sicher.« Er trank seinen Weinkelch aus und rief: »Mundschenk! Mehr Wein! Fleischschneider! Noch ein Stück von diesem Eber!«

Nach dem Essen erhob sich der König und rülpste. »Ladys, Musik! Irgendetwas.« Ein Diener erschien mit

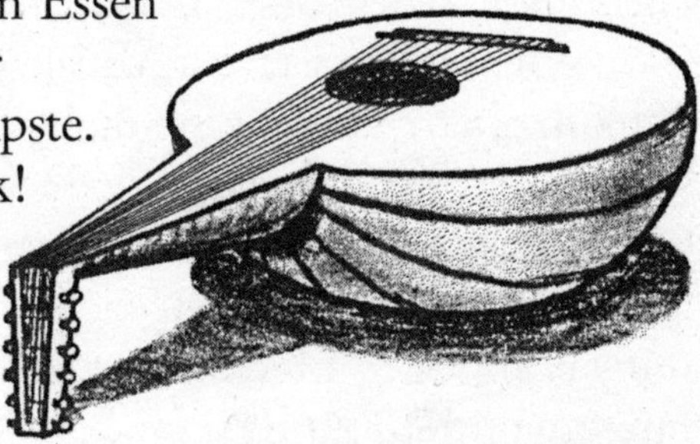

mehreren Lauten und einer Flöte. Sara bekam einen Schreck. *Sie sollte dem König vorspielen?* Sie hatte doch erst zwei Wochen lang Unterricht gehabt! Aber sie nahm das Saiteninstrument und setzte sich mit den anderen Damen und den Hofdamen im Kreis um den Notenständer. Gut, das

Stück war nicht allzu schwierig. Eine der Damen spielte die Melodie auf der Flöte, und die Lauten spielten die Begleitung.

König Heinrich lehnte an dem hohen Fenster und blickte in die Dämmerung hinaus. Er hob seinen Kelch und stützte wiederum einen Fuß auf einen Schemel. Königin Anne ging hinüber und setzte sich auf den Fensterplatz. Sara konnte nicht verstehen, was das Königspaar sagte, aber sie sah, dass Anne das Neue Testament aus einem Samttäschchen zog, es aufschlug und darin zu lesen begann. Jetzt hatte Sara die richtige Stelle verloren und musste verzweifelt die Noten suchen. Als sie wieder im Takt war, blickte sie wiederum auf den König, der düster dreinschaute.

»Genug!« rief er zur Musik. Die Ladys hörten auf, aber er blickte sie nicht an. »Was denkt sich dieser Tyndale eigentlich? Habe ich nicht gesagt, dass wir im Moment keine Bibel auf Englisch brauchen? Habe ich vielleicht meine Meinung geändert?« Er kickte den Schemel mit dem Fuß um und stützte die Hände in die Hüften. »Irgendwann einmal! Aber das sollten auch die richtigen Personen tun – große, gelehrte Katholiken! Nicht irgendein Flüchtling, der meine Einladung ausschlägt!« Er hinkte zur Tür, drehte sich aber blitzschnell noch einmal zu seiner Frau um. »Und wer beschmutzt mein eigenes Haus mit dem

Unsinn dieses Verräters? Vernichte dieses Buch! Ich will nichts mehr davon hören!«

Der König stürzte nach draußen, gefolgt von seinen Edelleuten, die sich entschuldigend vor der Königin verbeugten. Königin Anne, die immer noch das Neue Testament in der Hand hielt, raffte ihre Röcke zusammen und hastete die Treppe hinunter zu ihren eigenen Zimmern. Sara und die anderen Ladys folgten ihr dicht auf den Fersen.

Sobald sie in ihren Zimmern war, sagte die Königin zu ihren Damen: »Bitte lasst mich allein.« Aber einige Augenblicke später kam eine Zofe in Saras Zimmer und brachte ihr die Nachricht, dass Anne sie zu sehen wünsche.

Königin Anne kam sofort auf den Punkt. »Sara, es bricht mir das Herz, aber … du musst uns verlassen, und zwar so schnell wie möglich. Du hast gehört, was heute Abend passiert ist. Wenn König Heinrich herausfindet, dass du dafür verantwortlich bist, dass Tyndales Neues Testament hier in den Palast gekommen ist, sind deine Familie und du in Gefahr. Und …« Die Königin holte tief Luft. » … es gibt hier überall im Palast feindliche Augen und Ohren. Jemand hat uns vielleicht über dieses Buch reden hören – und erzählt es dem König.« Sara war verstört. Das ging alles so schnell. Konnte Anne denn nicht mit dem König sprechen? Was würde jetzt aus Meister Tyndale werden? Sie senkte die Augen vor Annes intensivem Blick und ließ ihre Schultern hängen.

Dann spürte sie, wie Königin Anne ihr Kinn hob. »Sara, verzweifle nicht«, sagte sie sanft. »Ich werde das Buch aufbewahren und eine weitere Gelegenheit abwarten, mit dem König zu sprechen. Aber fürs Erste musst du gehen.« Sara warf alle Hofetikette beiseite und schlang ihre Arme um Annes Hals. Dann rannte sie aus dem Zimmer, wobei heiße Tränen auf ihren Wangen brannten.

Die Hinrichtung

Sofort wurde eine Nachricht vom Palast nach Little Sodbury Manor in Gloucestershire gesandt. Miles und seine Eltern kamen so schnell wie möglich, aber aufgrund der Entfernung dauerte es trotzdem einige Tage, bis der Wagen der Walshs am Palast ankam. Miles stellte keine Fragen, aber er war sichtlich erleichtert, als Sara aus den Toren des Palastes kam.

Miles musste in London bleiben, weil er sich um die neue Fracht für die *Rote Königin* kümmern musste; Sir John und Anne Walsh nahmen Sara solange mit nach Little Sodbury, bis das Schiff bereit zum Auslaufen war. Es war schön, ihren Cousin Johnny wiederzusehen – er war bereits ein ganzer Mann und wurde jetzt John genannt. Während sie auf Nachrichten von Miles wartete, spazierte Sara mit John durch die Wälder zu dem Fluss, der durch das Gelände der Walshs floss. Der alte umgefallene Baumstamm lag immer noch über dem Fluss. »Seltsam«, meinte sie zu John, »hier hat alles angefangen.«

Die Walshs brachten Sara nach London, als Miles die Nachricht schicken ließ, dass die *Rote Königin* bereit war. Die Fahrt durch die Nordsee und die Schelde hinunter bis nach Antwerpen war ereignislos; sie segelten mit steifer Brise in der frischen Herbstluft. Es war erst einen Monat her, dass sie ihren Eltern zum Abschied gewunken hatte, aber es war so viel geschehen, dass es ihr vorkam, als sei sie Jahre weggewesen.

Als ihre Mutter Sara beim Auspacken der Kleider half und ihre neuen Kleider im Schrank verstaute, fühlte sich Sara viel älter. Nichts hatte sich geändert seit ihrer Reise, und doch – alles war anders geworden.

An ihrem ersten Abend zu Hause hörten Miles und ihre Eltern aufmerksam zu, als sie vom Palast erzählte. Als sie fertig war, tätschelte Herr Poyntz Saras Hand, aber er schwieg, während er sich nachdenklich den Bart zupfte.

Frau Poyntz brach als Erste das Schweigen. »Königin Anne hat richtig gehandelt, dich nach Hause zu schicken. Du hättest nichts mehr tun können, Kind.« »Ich habe die Idee von Anfang an nicht gemocht«, bestätigte Miles. »Ich bin nur froh, dass du wieder hier bist.«

Sara schenkte Miles ein kleines Lächeln. Aber warum sagte ihr Vater denn nichts? War er enttäuscht von ihr? Sie hatten alle gemeinsam beschlossen, dass es ein guter Vorschlag sei, das Neue Testament dem König zu bringen. Hatte ihr Vater nicht alles andere versucht, um Meister Tyndale freizubekommen? Aber jetzt…

Heiße Tränen stiegen in ihren Augen auf. Vielleicht war es wirklich eine dumme Idee gewesen. Vielleicht hatte sie nur Anne Boleyn wiedersehen und ihre Hofdame werden wollen. Das Leben am Hof schien ja so aufregend. Aber jetzt war der König noch wütender – nicht nur auf Meister Tyndale, sondern auch auf Königin Anne. War das ihre Schuld? Anne hatte sie weggeschickt. Was würde jetzt geschehen? Sie hatte keine Ahnung!

Sara verbarg ihr Gesicht in ihren Händen. Die aufgestauten Gefühle während der letzten Monate schienen sich ihrer zu bemächtigen, und ihr schmächtiger Körper wurde von wildem Schluchzen geschüttelt. Dann spürte sie die Arme ihres Vaters um ihre Schultern.

»Sara, Sara«, beruhigte er sie, während er ihr über die Haare strich. »Es ist doch alles gut. Du hast getan, was du konntest. Es ist nun alles in Gottes Hand.« Ein Jahr verging. Thomas Poyntz war oft wochenlang unterwegs; er ließ keinen Versuch ungenutzt, Tyndale freizubekommen. Er überließ Miles mehr und mehr die Entscheidungen über den Kauf und Verkauf von Waren, aber das Geschäft litt unter Thomas' Nachlässigkeit.

Da ihr Vater und Miles so oft unterwegs waren, setzte Sara ihre wöchentlichen Besuche bei der alten Frau Gilly in Begleitung ihrer Mutter fort. Frau Poyntz schien von einer neuen Leidenschaft beseelt, die Armen und Verlassenen in den Slums zu besuchen, die einst von Meister Tyndale getröstet und aufgerichtet wurden. Mutter und Tochter backten Brot, machten Suppen und Pudding, nähten Kleider für die Bedürftigen, die in der Hafengegend im Elend zusammengepfercht lebten. Die Liste der Leute, die sie besuchen wollten, wurde von Woche zu Woche länger. »Es ist etwas, das wir tun können, um Meister Tyndales Arbeit fortzusetzen«, sagte Frau Poyntz oft.

Sara und ihre Mutter kehrten eines Tages Anfang August vom Hafen zurück, als sie zwei vertraute Pferde vor der Herberge erblickten. »Thomas!«, rief Frau Poyntz und stürmte ins Wohnzimmer. »Ich wusste nicht, dass du heute schon zurückkommst!«

Thomas Poyntz umarmte seine Frau und seine Tochter, aber Sara kam ihr Vater auf einmal alt und müde vor.

»Thomas! Was ist denn los?«, fragte ihre Mutter.

Herr Poyntz setzte sich und seufzte. »Es ist

Meister Tyndale. Ihm wurde endlich der Prozess gemacht – nach fünfzehn Monaten in diesem feuchten Verlies! Sie haben ihn als Ketzer verurteilt.«

»Nein!«, entfuhr es Frau Poyntz.

Sara konnte ihren Vater nur ungläubig anstarren. Das konnte doch gar nicht sein! Königin Anne hatte doch gesagt, sie würde noch einmal mit dem König sprechen! Solange noch kein Prozess stattgefunden hatte, solange Tyndale noch am Leben war, so lange hatten sie noch Hoffnung gehabt.

»Wann?«, fragte ihre Mutter bloß.

Herr Poyntz fuhr sich mit der Hand durchs Haar. »Ich bin nicht sicher, aber wir müssen es herausfinden. Miles und ich werden zur Hinrichtung gehen – um für seinen Tod Zeugen zu sein. Er darf nicht alleine sterben.« Sara schluckte. »Ich werde auch hingehen, Papa.«

»Nein, Sara. Es ist schwer zu verkraften, einen Menschen sterben zu sehen.«

»Ich weiß«, erwiderte sie, und ihre Stimme war kaum noch ein Flüstern. »Aber er ist mein Freund! Wenn er mich sieht, weiß er, dass ich ihn nicht vergessen habe.«

»Ja«, meinte Frau Poyntz, während ihr die Tränen die Wangen herunterliefen. »Wir müssen alle seine Zeugen sein.«

Der Tag der Hinrichtung Anfang Oktober war ein grauer und trüber Tag. Am Südtor vor der Stadt Vilvoorde drängten sich bereits die Zuschauer. Thomas Poyntz, seine Frau, Sara und Miles versuchten, dem Kreis von Wachen, der als eine Art Zaun in der Mitte des Platzes stand, so nahe wie möglich zu kommen. In der Mitte des Kreises war ein großer Holzhaufen aufgebaut.

Mehrere Richter und Kirchenleute betraten die Mitte und setzten sich. Dann hörte Sara Miles keuchen: »Jetzt kommt Meister Tyndale.« Der Gefangene wurde in die Umzäunung geleitet. Er war sehr dünn, seine Kleidung zerschlissen und schmutzig. Aber William Tyndale schaute mit festem Blick das einfache Volk um sich herum an. Seine Augen schienen aufzuleuchten, als er den einen und den anderen erkannte. Dann ruhten seine Augen auf der Familie Poyntz und auf Miles, und ein Lächeln flackerte auf seinem müden Gesicht.

»William Tyndale, wir fragen dich zum letzten Mal: Willst du deine Ketzerei widerrufen?«, erscholl eine laute Stimme von einer der Persönlichkeiten auf den Sitzen. Tyndale entgegnete nichts, sondern ließ seinen Blick wiederum über die Menge schweifen.

Die Füße des Gefangenen wurden an einen Pfahl gebunden, und Gestrüpp und Holzscheite um ihn herum gelegt. Eine eiserne Kette wurde um seinen Hals gelegt, und eine Schlinge um seinen Hals befestigt. »Gelobt sei Gott«, hörte Sara ihren Vater murmeln, »er wird erdrosselt und nicht lebendig verbrannt.« Sara schloss die Augen, riss sie aber sogleich wieder auf, als Tyndale mit lauter, klarer Stimme rief: »Herr! Öffne dem König von England die Augen!«

Dann trat der Henker von hinten an den Scheiterhaufen und zog mit aller Kraft an der

Schlinge. Die Menge hielt den Atem an, als Tyndales Kopf kraftlos auf seine Brust sank. Sara fühlte, wie Miles sie um die Taille fasste, als ihre Knie weich wurden.

»Bleib stehen, Sara«, flüsterte ihr Miles ins Ohr. »Wir müssen um seinetwillen stehen bleiben.«

Eine angezündete Fackel wurde an das Holz gehalten, und die Flammen züngelten an Tyndales leblosem Körper empor. Erst als die Kette gelöst wurde und der verkohlte Leichnam ins Feuer fiel, führte Thomas Poyntz seine Familie nach Hause.

Auf dem Heimweg zurück nach Antwerpen brannten die Tränen in Saras Augen. Was hatte Meister Tyndale gebetet? *Öffne dem König von England die Augen!*

Dafür war es zu spät. William Tyndale war tot. Sie, Sara Poyntz, hatte versagt.

Der Sieg

Sara und Frau Poyntz erzählten Frau Gilly nichts vom Tod Meister Tyndales. Jedesmal, wenn sie die alte Frau besuchten, nahm sie ihre Hände und flüsterte mit großer Mühe seinen Namen.

»Meister Tyndale?«

»Er ist an einem besseren Ort«, erwiderte Sara, während sie das Laken der Frau wechselte und ihr das Haar kämmte. »Er bedauert, dass er Sie nicht besuchen kann.«

Frau Gilly nickte zufrieden.

Aber nach Tyndales Tod schien es noch schlimmer, die traurigen Familien in den Slums in der Hafengegend zu besuchen. » ... was ihr dem Geringsten meiner Brüder getan habt«, murmelte Sara vor sich hin, wenn sie Wasser schöpfte oder das quengelnde Baby einer Mutter im Arm hielt, »das habt ihr mir getan.«

Sie wäre nicht mehr zum Hafen gegangen, wäre da ihre Mutter nicht gewesen. Frau Poyntz war zwar keine kräftige Frau, aber irgendwie schaffte sie die vielen Aufgaben: die Versorgung der Herberge, die Essensvorbereitung, das Nähen und Stopfen für Frau Gilly und andere. Sara wusste, dass sie weitermachen musste, solange ihre Mutter nicht aufgab.

Belgiens regnerischer Winter setzte ein paar Monate nach William Tyndales Tod ein. Eines Tages, als Thomas Poyntz und Miles von einer Geschäftsreise nach England zurückkamen, regnete es in Strömen. Kaum hatten sie ihre nassen Umhänge abgelegt, scheuchten sie Frau Poyntz und Sara ins Wohnzimmer und schlossen hinter sich die Tür.

»Thomas! Was ist denn?«, rief Frau Poyntz.

Herr Poyntz holte ein Päckchen aus seinem Gepäck und wickelte es aus. »Hier«, sagte er und reichte es Sara. Es war ein Buch mit einem Ledereinband.

Sara las den eingravierten Titel: »Die Heilige Schrift«. Sie blickte auf. »Was ist das, Papa?«

»Die vollständige Bibel auf Englisch!«, sagte ihr Vater mit aufgeregter Stimme. »Erinnerst du dich an das Manuskript, das du aus Tyndales Zimmer gerettet hast, Sara? Und dass ich es heimlich weggebracht und niemandem davon etwas erzählt habe? Nun, ich habe es zu einem angesehenen Gelehrten in Oxford gebracht, der mit Tyndales Arbeit sympathisiert, einem Mann namens Coverdale. Er hat Tyndales Manuskripte benutzt und die Übersetzung vervollständigt.« Sara öffnete das Buch auf der Titelseite. Sie blickte ihren Vater enttäuscht an. »Aber ... da steht: ›Übersetzt von Miles Coverdale!‹ Nach der ganzen Arbeit, die Meister Tyndale geleistet hat ... und der ganzen Zeit im Gefängnis!«

Miles nickte. »Ich weiß. Das habe ich zuerst auch gedacht. Aber wenn Meister Tyndale hier wäre, würde er sagen, dass nicht sein Name wichtig ist, sondern nur, dass die Menschen die Heilige Schrift selbst lesen können.«

»Und außerdem«, unterbrach Herr Poyntz, »wenn Tyndales Name in dem Buch stände, würde der König es ablehnen. Aber so ...« Und Thomas Poyntz warf den Kopf zurück und lachte.

»Thomas! Worüber lachst du denn?«, wollte seine Frau wissen.

»Kommt, kommt.« Herr Poyntz zog seine Frau und seine Tochter an den Kamin. Miles lehnte am Kaminsims und grinste.

»Wie ihr wisst, meine Lieben, war das Geschäft in letzter Zeit sehr schlecht. Also bin ich nach London gefahren, um einen neuen Agenten zu finden. Aber diesmal gab es keine Soldaten, die alles durchsucht haben; wir sind problemlos durch den Zoll gefahren. Wir wussten nicht, was das bedeuten soll.«

»Dann entschloss sich Onkel Thomas, nach Oxford zu gehen und diesen Coverdale aufzusuchen«, unterbrach Miles. »Um zu sehen, ob er irgendetwas mit Tyndales Manuskripten anfangen könnte.«

»Aber wir waren nicht auf das vorbereitet, was dann geschah!«, fuhr Herr Poyntz fort. »Coverdale empfing uns herzlich und gab uns dieses Buch – die gesamte Bibel in englischer Sprache – in unsere Hand. Dann erzählte er uns, dass sogar König Heinrich eine Ausgabe gegeben wurde!«

»Und König Heinrich hat gesagt ...«, Miles senkte die Stimme und hob seinen Kopf in stolzer Haltung hoch, » ... nun, wenn keine Ketzereien darin stehen, verteilt es unter das gemeine Volk!«

Sara starrte ihn an. »Er sagte *was*???«

»Er sagte: ›Dieses Buch soll das ganze Volk lesen!‹ Wenn ich es dir doch sage!«

»Thomas, ich kann das gar nicht glauben«, erwiderte Frau Poyntz. »König Heinrich hat seine Erlaubnis dazu gegeben, die Heilige Schrift auf Englisch zu drucken?«

Saras Gedanken wirbelten durcheinander. Was hatte Tyndale kurz vor seinem Tod gebetet? *Herr, öffne dem König von England die Augen!*

»Gott hat Meister Tyndales Gebet erhört!«, meinte sie ehrfurchtsvoll.

»Das stimmt, Sara«, erwiderte ihr Vater sanft. »Nicht nur das, sondern weißt du auch, wie Gott ihm die Augen öffnete? Vielleicht hat Gott das Neue Testament, das du Königin Anne gegeben hast, dazu benutzt, den Widerstand des Königs zu brechen!«

»Aber dann … warum ließ Gott Meister Tyndale sterben? Es war alles umsonst!«

»Ich denke nicht«, entgegnete ihr Vater. »Verstehst du nicht? Tyndale hat gewonnen! Sie konnten ihn umbringen, aber seinen Traum konnten sie nicht töten. Nun kann jeder Mann, jede Frau und jedes Kind in England Gottes Wort in ihrer eigenen Sprache lesen – vom einfachen Bauernjungen bis zum König selbst!«

»Dann ... geht Tyndales Arbeit ja noch weiter.«

»Und du hast dabei geholfen.« Miles stupste Sara scherzhaft in die Seite.

Sara schlug die Bibel auf und drehte behutsam die Seiten um. »Ich hätte nie gedacht, dass Gott uns dazu benutzt, seinen Willen zu tun – so, wie es im Vaterunser heißt.« Sie blätterte noch ein paar Seiten um und las:

»Dein Reich komme. Dein Wille geschehe, wie im Himmel, so auf Erden.«

Einiges über William Tyndale

William Tyndale wurde Anfang 1490 in der Nähe der walisischen Grenze in England geboren. Im Alter von etwa zwanzig Jahren ging er als Student nach Oxford, später nach Cambridge. »Lutheranisches Gedankengut« machte in Cambridge seit 1520 die Runde, und es ist wahrscheinlich, dass Tyndale in dieser Zeit zu seiner protestantischen Überzeugung kam.

Als er 1521 die Universität verließ, lebte er im Haushalt von Sir John Walsh in Little Sodbury Manor in Gloucestershire, wahrscheinlich als Privatlehrer für dessen beide Söhne; er hat vielleicht auch als Kaplan in dieser Familie gearbeitet oder als Privatsekretär von Sir John.

Die Walshs waren für ihre Gastfreundschaft beim Adel und beim Klerus bekannt, und Tyndale führte viele theologische Gespräche an ihrem Tisch. Er war schockiert über die Unwissenheit, die die Priesterschaft in Bezug auf die Bibel an den Tag legte, und einem Priester gegenüber soll er geäußert haben: »Wenn Gott es zulässt, werde ich dafür sorgen, dass in wenigen Jahren der Junge hinter dem Pflug die Bibel besser kennt als Sie!« Zu dieser Zeit war die einzige englische Übersetzung, die erhältlich war, die handgeschriebene Wycliffe Bibel (1380). Tyndales

Ehrgeiz war es, die Heilige Schrift in die Volkssprache zu übersetzen und sie durch Druck zu vervielfältigen, so dass die Bauern ebenso wie der Adel Gottes Wort selbst lesen konnte. Er klagte den Klerus an, das Volk bewusst unwissend darüber zu halten, was die Heilige Schrift sagte, um damit ihre eigene Korruption und ihre Habsucht zu vertuschen. Zum Beispiel wurden »Ablassbriefe« verkauft (man bezahlte eine bestimmte Geldsumme für die »Vergebung« seiner Sünden), die viele Priester reich machten, und manch einer hatte illegitim Frauen und Kinder.

Es war nicht nur sein Wunsch, die Bibel zu übersetzen, der Tyndale in Schwierigkeiten brachte. Er predigte und schrieb, dass man nur durch den Glauben gerettet werden könne und nicht durch das Befolgen der kirchlichen Traditionen; dass Gott allein Sünden vergeben und Gnade schenken könne und dass der Bauer wie auch der König allein Gott verantwortlich seien, nicht dem Papst. Er hatte wie viele andere Reformer sogenannte »häretische« Ideen, z. B. vertrat er die Überzeugung, dass Brot und Wein beim Abendmahl nicht wirklich der Leib und das Blut Christi seien, sondern Symbole dafür.

Es war zu dieser Zeit verboten, ohne kirchliche Zustimmung die Heilige Schrift auf Englisch zu übersetzen, so dass Tyndale Little Sodbury verlassen musste, um die Erlaubnis für sein Vorhaben einzuholen. Er nahm mit Cuthbert Tunstall, dem gemäßigten Bischof aus London, Kontakt auf, aber er erhielt keine Ermutigung. Mit der finanziellen Unterstützung von Leuten wie Sir John und Lady Anne Walsh und einem wohlhabenden Kaufmann namens Humphrey Monmouth verließ Tyndale 1524 England, um auf dem Kontinent seine Arbeit fortzusetzen.

In Hamburg arbeitete er am Neuen Testament, wobei er direkt von den griechischen und hebräischen Urtexten übersetzte. Ein Drucker in Köln erklärte sich zum Druck der Bibel bereit. Doch das Gerücht verbreitete sich, und Gegner der Reformation überfielen den Druckerladen. Tyndale war jedoch gewarnt worden und floh im letzten Augenblick mit den Seiten, die noch frisch aus der Presse kamen. Eine Ausgabe dieser unvollständigen Ausgabe (1525) existiert noch heute.

Ein Jahr später, nämlich 1526, wurde die erste vollständige Ausgabe des Neuen Testamentes in Worms, einer reformatorisch gesinnten Stadt, gedruckt. Als Exemplare nach England geschmuggelt wurden, kauften die Bischöfe hunderte von Büchern auf und verbrannten sie – nicht ahnend, dass das Geld direkt zurück zu Tyndale floss, der damit den Druck weiterer Ausgaben finanzierte!

Bis 1530 hatte Tyndale die ersten fünf Bücher des Alten Testamentes aus dem Hebräischen übersetzt, zusammen mit verschiedenen Abhandlungen wie z. B. »Die Parabel vom schnöden Mammon« und »Der Gehorsam des Christen.« In der Parabel legt er dar, dass die Rechtfertigung allein aus dem Glauben komme, und im »Gehorsam des Christen« erkärt er, dass die Christen dem König und der Regierung nur dann gehorchen sollten, wenn es nicht im Gegensatz zu Gottes Wort stehe.

Ein Exemplar des Buches »Der Gehorsam des Christen« wurde Anne Boleyn gegeben, einer in Frankreich erzogenen Hofdame, die 1533 Königin wurde. Sie wiederum zeigte es König Heinrich VIII., dem es gefiel und der ausgerufen haben soll: »Dieses Buch sollten alle Könige lesen!« König Heinrich, der mit dem Papst wegen der Scheidung von seiner ersten Frau, Katharina von Aragon, im Streit lag, hielt Tyndale für einen guten Gelehrten, der Propaganda für den König machen könnte. Er schickte daher Tyndale eine Einladung durch einen Mann namens Steven Vaughn, der ihm eine sichere Fahrt und ein festes Gehalt anbot, wenn er die Stellung am Hof annähme.

Tyndale lehnte jedoch entschieden ab. In seinem Buch »Die Praxis der Prälaten« erklärte er, dass Scheidung gegen Gottes Willen verstoße und dass König Heinrich bei seiner Frau bleiben solle! Das führte dazu, dass der König gegen Tyndale war, sehr zur Befriedigung der Bischöfe, die den Reformer weiterhin als Unruhestifter betrachteten. Der König »löste« sein Problem mit Katharina durch ein Gesetz, durch das er sich selbst zum Oberhaupt der Kirche von England erklärte, das noch höher stand als der Papst.

Anne Boleyn kam auch in den Besitz einer Ausgabe des von Tyndale übersetzten Neuen Testamentes und zeigte es dem König. (Laut der Newberry Bibliothek in Chicago, Illinois, war die Ausgabe von 1534 von Tyndales Neuem Testament 81 x 128 mm groß.) Heinrich lehnte das Buch jedoch ab und verkündete, im Moment sei kein Bedarf an einer englischen Bibel, und wenn, sollte sie von einem angesehenen Gelehrten innerhalb der Kirche geschrieben werden, nicht von einem abtrünnigen Priester, der aus dem Land geflohen war.

Die Jagd nach William Tyndale durch die englischen Behörden wurde intensiver. 1534 bot Thomas Poyntz, ein englischer Kaufmann in Antwerpen (Belgien) Tyndale in seiner Herberge für englische Kaufleute Schutz. (Poyntz, der ein Verwandter von Lady Anne Walsh war, musste später sehr viel für die Freundschaft zu Tyndale leiden; Humphrey Monmouth wurde ebenfalls vor Gericht gebracht und ins Gefängnis gesteckt, weil er den »Häretiker« unterstützt hatte.)

Im Frühling 1535 machte ein Universitätsstudent namens Henry Phillips die Bekanntschaft mit englischen Kaufleuten in Antwerpen und traf schließlich Tyndale selbst. Tyndale war von der charmanten Art des jungen Studenten und seinem angeblichen Interesse für die reformerischen Ideen fasziniert, obwohl Thomas Poyntz sich nicht ganz wohl bei der Sache fühlte. Seiner Meinung nach war Phillips »ein falscher Fünfziger«.

Thomas Poyntz' Misstrauen war gerechtfertigt. Am 21. Mai 1535 tauchte Phillips bei der Familie Poyntz auf und lud Tyndale zum Mittagessen ein. Als die beiden Männer durch eine enge Gasse kamen, wurde Tyndale von Soldaten gefangen genommen und ins Gefängnis von Vilvoorde gebracht. Poyntz' zahlreiche Versuche, Tyndale freizubekommen, waren ergebnislos. Im August 1536 wurde Tyndale vor Gericht gestellt und als Ketzer verurteilt. Im Oktober desselben Jahres wurde er erdrosselt und auf dem Scheiterhaufen verbrannt.

Von wem wurde Henry Phillips benutzt, der Sohn einer angesehenen englischen Familie, die wegen Spielschulden in Verruf geraten war? Eventuell von Bischof Stokesley, dem Bischof von London nach Cuthbert Tunstall und einem energischen Gegner des Protestantismus. Phillips jedoch gewann nichts durch den Verrat an Tyndale; er musste selbst vor König Heinrichs Leuten fliehen und schrieb seinen Eltern Bitt- und Entschuldigungsbriefe, in denen er über seine Armut und sein Elend klagte.

Während Tyndale jedoch im Gefängnis saß, vervollständigte ein Gelehrter in Oxford, Miles Coverdale, die Übersetzung der Bibel ins Englische, wobei er sich hauptsächlich auf Tyndales Arbeit stützte. Nur wenige Monate nach William Tyndales Tod setzte König Heinrich das Genehmigungssiegel auf diese Bibel, und 1539 musste jede Pfarrkirche die Bibel ihrer Gemeinde zur Verfügung stellen.

hänssler

Band 2
Angriff im Wilden Westen
Die Geschichte von Marcus & Narcissa Whitman
Tb., 200 S.,
Nr. 73.098, ISBN 3-7751-2464-0

Perrin begleitet seine Tante und seinen Onkel auf der abenteuerlichen Fahrt in den Westen der USA. In Oregon freundet sich Perrin mit dem jungen Indianermädchen Shikam an. Gemeinsam wollen sie helfen, dass die weißen Siedler und die Indianer Frieden schließen. Doch dann schleppen neue Einwanderer die Masern ein und viele vom Indianerstamm werden schwer krank ... Wird es Doktor Whitman gelingen, die Indianer zu heilen, bevor ein Krieg ausbricht? Was kann Perrin für ihn tun?

hänssler

Band 3

Gefangen in der Goldenen Stadt

Die Geschichte von Adoniram und Ann Judson

Tb., 144 Seiten, s/w-Ill.,
Nr. 73.102, ISBN 3-7751-2626-0

May-Lo und Len-Lay fürchten sich davor, ihren Vater zu verlassen. Doch etwas bedroht die Familie der Mädchen und so vertraut sie ihr Vater den amerikanischen Missionaren an.
Adoniram und Ann Judson nehmen sie mit auf eine abenteuerliche Bootsfahrt durch das Innere Burmas, weit weg von ihrem Vater. Die Judsons wollen in Ava, der sagenumwobenen »Goldenen Stadt«, eine Missionsstation errichten. Doch da überstürzen sich die Ereignisse: Britische Truppen greifen Burma an. Alle Fremden, auch die Judsons, werden gefangengenommen und in das gefürchtete »Gefängnis des Todes« gesteckt. Sind die Gerüchte wahr, die besagen, dass die fremden Missionare englische Spitzel sind?
Können die beiden Mädchen ihnen helfen oder landen sie alle unwiederbringlich in dem Gefängnis?